飯島直子　今のための今まで

飯島直子

世界文化社

Prologue

こんにちは。飯島直子です。

昨年、遅ればせながら
インスタグラムをはじめました。

投稿数は1年で700回を超えました。

インスタを通して全国に仲間ができ、
その方々と毎日交換メールをしているようで、
私自身、励まされ、勇気づけられ、元気をもらっています。

私に届くコメントは、多いときは1日1000通にも及びます。

「体形維持、どうしてるの?」

「シャンプーは何を使ってるの?」

「アイメイクのやり方を教えて!」

「香水はどこのブランド?」

「更年期がつらいけど、直ちゃんはどうしてる?」……。

同世代のフォロワーさんたちからは、美容やダイエット、老いや更年期、
夫婦関係に関する相談事もたくさんいただくようになりました。

この本では、私がいつも実践している、
メイクやスキンケア、食事、運動のルーティンを紹介しています。
長年続けてきた健康習慣や美容へのこだわり、
試してみてよかったセルフケア、
愛用の定番アイテムなどを紹介します。
シンプルな決まり事をマイルールにし、
ふだんの生活に溶け込ませるようにしたところ、
不思議と心が落ち着き、気分のアップダウンがなくなって
日々、機嫌よく過ごせるように変わってきました。

私は今年56歳、
ほうれい線もシミもシワも白髪もある、
それなりの年齢になりました。
老いることが怖くないといったらウソになるけれど、
経験を積み、上手に肩の力が抜けてきたこの年齢も、
案外悪くないと思えるようになりました。

「そのままでいいよ」

「今のままのあなたでいてね」。

そんな言葉が好きです。

そう声をかけてくれる人が
好きです。

50代を迎えて思うのは、
今が自分ファーストで生きる絶好のタイミングだということ。
がむしゃらに駆け抜けてきた人は、一息ついて。
よいコンディションを保つためのセルフケアをはじめ、
これまでを振り返り、なりたい自分と理想の未来を思い描いて。
キャパオーバーに気づかず極限まで頑張り続けていると、
心身ともにバランスを崩してしまいます。
頑張り屋さんこそ、勇気を持って少しの余力を残して
次なるステージのために温存しておくことも大切。

気持ちは年をとることなく、そのまま年齢の階段を上がっていきます。
年齢は木の年輪と同じ、何かをはじめるのに遅すぎることはなく、
いくつになっても、どんなことでも学びとなり、成長できると思います。
もし、この本を通じて何か一つでも、
よりよい毎日のきっかけとなればうれしいです。

何かに固執しすぎると、世界が狭くなって窮屈です。
「こうあるべき」を手放して
無理せず自由に
自分のペースで進んでいきたいですね。

CONTENTS

Prologue 2

PART 1 飯島直子の8ルール マイルーティン 18

Rule1 起き抜けのグラス1杯のぬるま湯で体が目覚める！ 1日のスイッチが入る！ 20
Rule2 体重は健康の目安。見た目重視でボディラインの少しの変化も見逃さない 22
Rule3 出会いや幸運を呼び込み、運気の流れがよくなる〝おうち風水〟を実践中 24
Rule4 実は太りやすい体質。トライ&エラーでたどり着いた食べても太らないとっておきの秘密 26
直子ごはん5つのコツ 28 おすすめ食材・調味料 30 ぬか漬けキットで超簡単！発酵生活 31
Rule5 今日1日、笑顔で過ごすと心に決める。小さな一日一善で「ありがとう」の連鎖を 32
Rule6 家に帰ったら、すぐにメイクをオフしてじゃぶじゃぶ洗顔。顔の汚れは放置しない 34
Rule7 SNSでつながり、思いをめぐらす癒しの時間。書くことで自分が整う新習慣 36
Rule8 睡眠はたっぷり8時間！ 夜時間の充実でリラックス 38

PART 2 飯島直子のつくり方 ビューティ編 40

シンプルスキンケアで肌コンディションが整う！ 私がロングセラー商品を選ぶ理由 42

○直子's beauty スキンケアアイテム 45

コンプレックスもチャームポイントも、すべてを知り尽くしたこだわりのセルフメイク 46

50代からは透明感が命！ 薄づき美肌を叶える大人のベースメイク 48

○直子's beauty ベースメイクアイテム 50

チークなしでもフェイスラインが上がる！ ニュアンス小顔になるテクニック 52

○直子's beauty ベースメイクテクニック 54

美は細部に宿る!? アイメイクの3種の神器をフル活用！ なりたい顔はこうして作る 56

○直子's beauty ポイントメイクアイテム 58

これが飯島直子顔2・0！ 10分でイマドキ顔になる完全メイクマニュアル 60

○直子's beauty ポイントメイクテクニック 64

きめ細かい泡のパックでトゥルントゥルン美髪になる魔法のシャンプー 66

○直子's beauty　ヘアケアアイテム　69

角質を落としてしっとりつるすべ！　体のすみずみまで潤す　70

○直子's beauty　ボディケアアイテム　73

いつもキレイな歯でいたいから、アイスコーヒーはストローで　74

○直子's beauty　マウスケアアイテム　75

笑顔を忘れないために着けている、体の一部のような「スマイル」という名のジュエリー　76

Column　お気に入りのバッグといつも持っているもの　78

PART 3　飯島直子のつくり方　セルフケア編　80

美脚は1日にしてならず！　もんでほぐして疲れとむくみはその日のうちに洗い流す　82

鏡張りの直子ジムで週2回のオリジナル筋トレ。マイペースでゆるゆる続けるのが私流　84

しなやかな筋肉をつけながら脂肪燃焼効果のある「シン・ストレッチバレエ」　86

○直子's conditioning　おうちでできる！　簡単ストレッチバレエ　88

姿勢を整えるピラティスは身体感覚を研ぎ澄ます究極のレッスン 92
ただ歩くことに全集中！ ウォーキングで心も頭もクリアになる 94
20年来の婦人科系トラブルと治療の副作用で経験した地獄の更年期症状 98
更年期は自分ファーストで！ 食事と運動、睡眠を整え女子会ドックで健康チェック 101
手の小指の変形・ヘバーデン結節はテーピングで固定して痛み対策 104
●直子's conditioning テーピング 105
人生にタイムリミットなし！ 更年期からは自分らしくしたたかに 106

PART 4 今の私を動かす大切な記憶 マイストーリー 108

自然あふれる東京郊外育ち。 大家族でのびのび過ごした原風景は、森の中のトトロのおうち 110
飯島家を切り盛りするおしゃれで働き者の自慢の母 112
人見知りでいじめられっ子の陰キャだった私が高校生でスカウトされ、モデルになった話 114
真面目は最強の武器。 執念でつかみ取ったビッグタイトル 116

「癒し系」と呼ばれて30年、今は「アネゴ系」!? 人生は休み休みでいい！ 118
全員50代！ 家族のようにDAISUKI！ な30年来の黄金トリオ 120
2023年のパワースポット、ハマスタで好投!? 始球式、やってきました！ 122
44歳で再婚、52歳で離婚。自分の選択を全力で正解にするために 126
相手の不実を知ったときはとことん悩み抜き、最後は一人で決める 128
親の看病で休業状態の約10年。幸せの記憶はファミレスのハンバーグステーキ 130
「死んだらこの気持ちはどこへ行くの？」真面目で頑固でチャーミングな父の最後の言葉 132
父を見送り、癒えない喪失感を抱えてこれからも人生は続く 134
最愛の母を失って思うのは今、このときを精いっぱい生きること 136

PART 5 そして、これからの私

マイライフ 138
50代、老いと向き合い「こうあるべき」から自由になった心地いい日々 140
内向きだった心が外へ向き、景色が一変。インスタをはじめた本当の理由 144

スマホでつながり響き合う、SNSという新しいコミュニティの場 148
今年17歳、一緒に暮らすわが家の娘を紹介します! 152
天然度高めな愛すべき姉とともに。これからはじまる飯島姉妹の新しい形 156
友情こそ奇跡! ベストフレンドに支えられ、女と女の約束は全力で守る 160
中学生から今日まで、心のよりどころのような40年来の得がたい〝真友〟 164
声で元気を届けるラジオのパーソナリティはやすらぎの時間 166
ストレスから解放されたいときは思う存分、STRESSしよう! 170
人生に磨きをかけて何でもチャレンジ! 新しい自分に生まれ変わる 174
飯島直子に56の質問 Q&A 178
Epilogue 186

PART 1

飯島直子の⑧ルール

マイルーティン

飽きっぽい私ですが、
変わらずルーティンにしていることがあります。
心地よく過ごせるから続けているうち、
いつの間にか習慣化した8つのルール。
日々のシンプルな決まり事を実行するだけで
不思議と心と体が整ってくるのです。

Rule 1 ルール

起き抜けの
グラス1杯のぬるま湯で
体が目覚める！
1日のスイッチが入る！

たっぷりのぬるま湯で体を満たして胃腸を活性化。デトックス効果も。

朝、目覚めたら、すぐに口を軽くすすいでグラス1杯のぬるめのお湯を一気飲みします。お湯はウォーターサーバーのお湯。起きたらすぐ飲むのが私のポイントです。寝起きの体に冷たい水だと刺激が強すぎるから、あくまでも人肌程度の温度です。寝ている間に汗をかいて乾燥状態になった体に、しみ入るように水分が行きわたります。ぬるま湯がゆっくり内臓に届いて体の中から潤って、目はパッチリ、頭もシャキッと目覚める瞬間がけっこう好きなんです。

人は口からものが入ると、まず胃が動き、その後腸も動き出して体温が上昇します。体温が上がって血行がよくなると、代謝も上がり、太りにくくやせやすい体をキープできるといいます。

また、睡眠中は唾液の分泌がへるから、起き抜けの口の中は細菌でいっぱい。お湯を飲む前に口をすすぐことで、細菌をキレイに洗い流します。

勢いよくゴクゴク飲んで、空っぽの内臓にぬるま湯が届くと、腸が動き出してお通じもスムーズに。この1杯がその日のスタートの合図になっています。

こうして朝食の前に胃腸を目覚めさせておくことで、栄養素の消化吸収もよくなります。

Rule 2 ルール

体重は健康の目安。見た目重視でボディラインの少しの変化も見逃さない

太る兆しを自分でいち早くキャッチ。±3キロ以内が目安です。

私はあまり頻繁に体重を測りません。測るのは週に1回程度です。なぜなら、体重はただの目安だと思っているから。50代の大人のボディは、体重よりも見た目が重要。女性の体はホルモンの関係で水分をため込みやすい時期がありますし、少しくらい食べすぎても、たった1日で太ることもありません。無理なダイエットはリバウンドの原因になりますし、体重のわずかな増減に一喜一憂するよりも、理想体重から大きくズレないようにするほうが、ラクに体形をキープできると思うんです。

私の場合、±3キロ以内で調整するようにしています。太る兆しは顔やウエスト、ヒップライン、ふくらはぎの小さな変化ですぐにわかります。ふだんからボディラインの出るルームウエアを着て、わき腹やおなかなど、お肉が付きやすいパーツはちょこちょこ触って常にチェック。さらに、部屋の至るところに鏡を置いておき、少しの変化も見逃さないように心がけています。

私の体形の悩みは、体幹部はふっくらしているのに、ヒップや手足にボリュームがないこと。卵に楊枝を刺したような体形（笑）で、くびれはもうあきらめました。出ているところがほどよくシェイプされていて、外見がスッキリ見えれば、体重が何キロでも問題なし。これが今の私のセオリーです。

Rule ルール 3

出会いや幸運を呼び込み、運気の流れがよくなる〝おうち風水〟を実践中

大きな声で「おはよう！」。よどみや滞りを打ち消す声がけで流れをスムーズに。

数年前から、横浜の実家と都内の自宅とを行ったり来たりする2拠点生活をしています。家族で住んでいた5LDKの広い実家ではじめたのが、「おうち風水」です。これは、おうちを居心地のいい空間にし、運気をよくするというものです。

風水では、ごみやほこりなどの滞りをキレイにして風通しをよくし、気の流れをスムーズにすることが大切なのだそうです。とはいえ、難しく考えすぎると続かないし、すべての空間に毎日手をかけるのは現実的ではありませんよね。

そこで決めたのが、毎朝の庭の水やりと玄関とリビングのふき掃除。玄関は、悪い気が入ってこないように、お香を焚き、念入りにほうきではいて掃除します。そして、使っていない部屋に「おはよう」と声をかけること。納戸など人の出入りが少ない部屋やあまり使っていない部屋にも、きちんと風を通し、声をかけることで人の気が行き届き、運気の流れがよくなるというのです。

毎朝「おはよう」と声をかけて掃除することで、家中のよどみや滞りが解消されるような気がして、気に入っている習慣です。玄関は外からエネルギーが入ってくる場所なので、いつもキレイにするようにしています。出会いや幸運が舞い込むと信じて続けているところです。

Rule 4 ルール

実は太りやすい体質。トライ&エラーでたどり着いた食べても太らないとっておきの秘密

お料理は好き。作り置きレシピのレパートリーも豊富です。

若いころは体重の増減に一喜一憂し、単品ダイエットや炭水化物抜きなど、あらゆるダイエットを試しましたが、それだと体力がもたなくて長丁場の撮影は務まりません。それに私は、食べることが大好き！　おいしいものを我慢するなんて耐えられないし、リバウンドの原因にもなりました。食事制限でやせても美しくないし、食べないダイエットは本当につらいです。心身ともに不健康ですよね。

そこで行き着いたのが、時間栄養学（体内時計を考慮した栄養学）にもとづいた食べ方の工夫です。とはいえ難しいものではなく、体が活動的な日中にしっかり食べて、体が休息する夜は、軽めにするというもの。だいたい夕方5時ごろには夕食を終えるようにしたところ、体調もよく、体重コントロールが無理なく自然にできるようになったのです。

朝は8時ごろ起きて、10時半ごろ朝昼兼用の通称「直子の朝定食」を食べます。意識しているのは栄養面も量も満足感のあるものを食べること。定番は手軽に炊けるロウカット玄米のごはん、納豆、みそ汁です。腸活のため、手作りのぬか漬けやキムチなどの発酵食品を組み合わせたり、卵料理や焼き魚などでたんぱく質をカバーしたり。海藻や野菜などの作り置き料理も活用し、バランスよく食べることを心がけています。

直子ごはん❺つのコツ

「朝しっかり、夜は軽めに」が、かれこれ30年以上続けている食事のマイルール。いつ、何を食べるかを基本に、状況に応じて柔軟にするのが長続きするコツです。仕事でのロケ弁もなるべく夜の早い時間にいただくようにし、寝る直前に食べることはありません。これだけで体形はほとんど変わりません。

❶ 1日1食は栄養バランスのいい食事を手作りする
❷ 朝食は金。野菜、発酵食品、たんぱく質を積極的に
❸ おやつを食べるなら15時までに。好きなものを自由にチョイス
❹ 夕食はたんぱく質中心、糖質オフで17～18時には終了
❺ たまの夜の会食は制限なしで楽しみ、翌日で調整

時間があるときに、いろいろな野菜の作り置き料理をストック。朝冷蔵庫から取り出してすぐに食べられます。

10：30 直子の朝定食メニュー

●玄米ごはん／油揚げの納豆巾着／ひじきの白和え／ほうれんそうのおひたし／キャベツのみそ汁／めんたいこほか

●納豆ごはん／はんぺんとチーズのはさみ焼き／ぬか漬け／トマト／キムチ／かぼちゃの煮物／なすとみょうがのみそ汁

●納豆ごはん／オムレツ・ブロッコリー添え／ぬか漬け／わかめとえのきのみそ汁ほか

●納豆ごはん／厚揚げのソテーと目玉焼き／菜の花のからし和え／大根とにんじん、えのきのみそ汁ほか

●納豆とのりのチーズトースト／ウインナーとしめじのコンソメスープ／ボイルウインナーとアボカド、トマト添え／ゆで卵／飲むヨーグルトほか

15：00～17：00
おやつ兼夕食

●ラーメン、ハンバーガーなど食べたいものを。ジャンクなものも、活動的な日中ならＯＫ！

●夜、小腹がすいたらおせんべいやチョコレート、ナッツなどをつまむことも。

おすすめ食材・調味料

自炊を続けていると、自分の体調が手に取るようにわかるようになります。体が何を欲しがっているかとか、これを食べていると調子がいいなとか。毎日欠かさず食べている納豆は、味が濃いめの小粒タイプを選びます。お気に入りを定期的に取り寄せたりして、いつもストックしています。

◎ 納豆DAISUKI!
イソフラボンもたっぷり

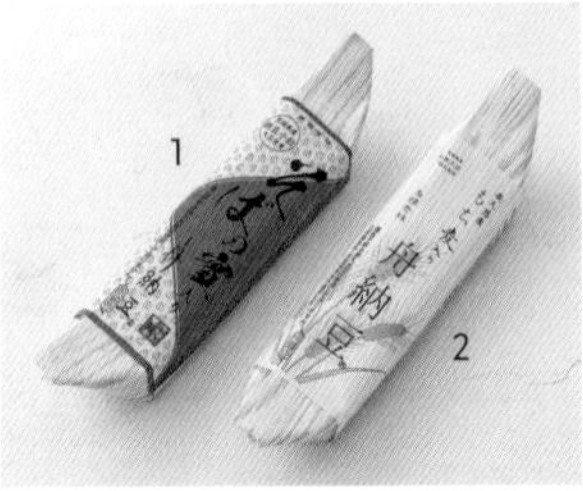

◎ 納豆は小粒派。祖父母の地元・福島の金山納豆はお取り寄せで

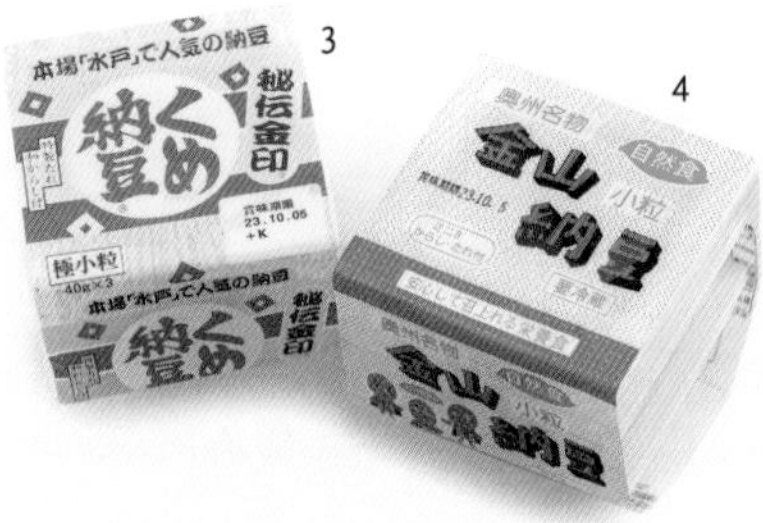

◎ 各種みそとキムチで
腸活もバッチリ

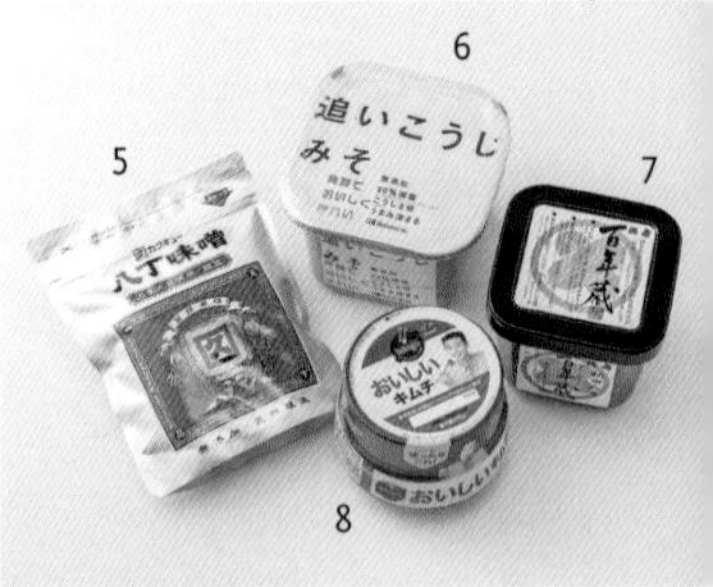

◎ 無添加で体にやさしいだしと
植物由来の甘味料を愛用

ントS 顆粒／サラヤ　13 金芽ロウカット玄米／東洋ライス　14 ひじき白和えの素 半丁用25g／山忠　15 オプティマムニュートリション　ゴールドスタンダード100% ホエイ（本人私物）　16 クレバー マッスルプロテイン チョコレート／ネイチャーラボ　17 都こんぶ／中野物産　18 発酵仕上りぬかみそ／伊勢惣

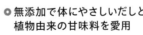

◎運動前後（→P. 85）にはプロテインでたんぱく質チャージ

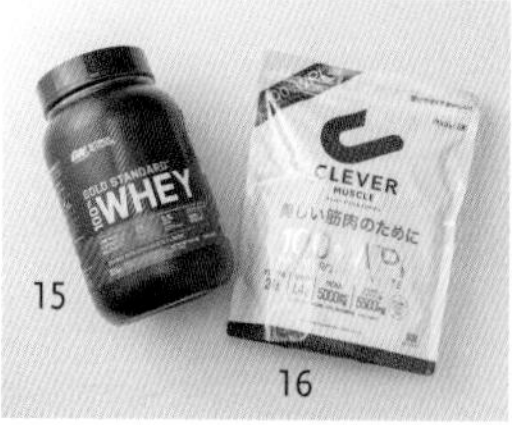

15 16

◎白米のように炊ける玄米＆簡単白和えの素

13

14

17

◎夜、口さびしいときには
酢こんぶを

きゅうり、なす、にんじん、ゴーヤーなど、身近な野菜を食べやすく切ってざくざく投入。ヘルシーで飽きずに食べ続けられる。

18

ぬか漬けキットで超簡単！発酵生活

母の影響でぬか漬けが大好きになり、手軽な専用キットを使って毎日せっせとゆる発酵生活を継続中。ぬか床にはビタミンB1をはじめとする栄養素がいっぱい。そこに乳酸菌などの力で酸味と旨味が加わり、複雑でさわやかな味わいが生まれます。身近な野菜で簡単に作れて、おいしくて体にもいい、おすすめの食べ方です。

1 そばの実入り舟納豆／丸真食品　2 もち麦入り舟納豆／丸真食品　3 くめ納豆 秘伝金印／ミツカン　4 金山3P納豆45g×3／伊藤食品　5 八丁味噌 銀袋／カクキュー八丁味噌　6 追いこうじみそ／ハナマルキ　7 百年蔵みそ／浅利佐助商店　8 bibigoおいしいキムチ／CJ FOODS JAPAN　9 野菜だし 24袋入り／久原本家 茅乃舎　10 減塩 茅乃舎だし 27袋入り／久原本家 茅乃舎　11 ラカントS シロップ／サラヤ　12 ラカ

Rule 5 ルール

今日1日、
笑顔で過ごすと心に決める。
小さな一日一善で
「ありがとう」の連鎖を

笑顔でいると、幸せそうに見えて、自分も周りもハッピー。

笑顔でいると幸せそうに見えて、むっつりしていると不幸せそうに見える。そんなシンプルなことに気づいてからは、家のドアを開けるとき、「今日も1日、笑顔で機嫌よく過ごそう」と心に決めるようになりました。

若いころは、とにかく余裕がなくて、自分にも他人にも厳しい性格でした。意外にも真面目人間なので、人の失敗が許せずギスギスしたり、苦しくなったり。たった一人の心理状態が現場のムードを左右することを痛いほど知りました。

そこで心がけているのが、小さな一日一善活動です。スーパーで順番をゆずったり、エレベーターで「お先にどうぞ」と声をかけたりするだけなんですけどね。すると、うれしいことに「ありがとう」の連鎖が起こるんです。

それが言霊になって人にやさしくなれるし、「ありがとう」は、いうのもいわれるのも気持ちがいい。お互いが笑顔になって、その場の空気が自然と温かくなりますよね。

すると、「いつも楽しそうだね」「笑顔がいいね」といわれるようになりました。

意識して顔を上げて胸を張り、口角をキュッと上げて、ささやかな一日一善を続けています。「ありがとう」がほしくて。「ありがとう」がいいたくて。

だれかとやさしい言葉を交わすことは、自律神経を整える効果もあるそうです。

Rule ルール 6

家に帰ったら、
すぐにメイクをオフして
じゃぶじゃぶ洗顔。
顔の汚れは放置しない

超敏感肌だから、家では基本ノーメイク。スキンケアもシンプルを心がけています。

「肌がキレイですね」とほめていただいたりしますが、実はトラブルの多い大の敏感肌なんです。寝不足が続いたり、濃厚すぎる基礎化粧品を使ったりすると、てきめんに肌荒れします。アイテム数が多くなると肌トラブルを招きがちなので、ケアはできるだけシンプルにしたいもの。だから、肌に直接つける基礎化粧品選びには長年苦労してきました。ここ数年、化粧水、美容液、乳液、クリームの作用を兼ね備えた、シンプルなオールインワンタイプの製品に出会ってからは、がぜん肌の調子がよくなり、今では手放せない定番になりました。

仕事のないときや家にいるときは、基本的にこのアイテムだけで、すっぴんで過ごしています。できるだけノーメイクでいることで皮脂の分泌を高め、肌本来が持つ潤う力を引き出せるような気がするんです。あまり過保護にリッチなクリームで補いすぎると、肌を甘やかしてしまいそうなので、さっぱりタイプがお気に入り。どんなに高価な化粧品を使うよりも、きちんとした洗顔とシンプルなスキンケアが美肌の基本だと思うのです。帰宅したら、すぐにメイクを落としてきちんと洗顔し、汚れを放置しないようにしています。私、メイクを落とさないで寝てしまったことは、人生で2回しかないんですよ（笑）。なお、数年に1回、皮膚科でまとめてシミ取りしています。

Rule
ルール
7

SNSでつながり、思いをめぐらす癒しの時間。書くことで自分が整う新習慣

1000通にも及ぶコメントにはすべて目を通す。自分と向き合う幸福なひととき。

2023年1月に、インスタグラムをはじめました。朝晩2回の投稿を毎日続け、12月には700回を達成しました。

コメントが1日に1000通届くこともあり、多くの方々と心を通わせる、なくてはならない新しいルーティンになりました。

同世代のフォロワーさんが多く、コメントの内容は応援メッセージや自己紹介、悩み相談などが中心です。家族の問題や人間関係、健康、老いなどに関する相談事も多いですね。悲喜こもごもの人生模様が網羅されているのが私のインスタの特徴かもしれません。

私流の返信方法は、まずその日届いたコメント欄をスクショして、移動中にあれこれ思案し、返信コメントをノートに下書きしてから投稿するスタイル。これで4時間くらいかかります。私にコメントを寄せてくれたことがうれしいし、相談には誠実に答えたいから、返信するまでいろいろ調べたり、何日も悩んだりすることもあります。

そして気づいたのが、相手の身になって考え、気持ちを整理して言語化し、アウトプットするという一連の作業が、私自身の癒しと勉強の時間になっているということ。私のインスタがだれかの心を軽くし、共感を呼び、共鳴する場所になっているとしたら、こんなにうれしいことはありません。

Rule 8 ルール

睡眠はたっぷり 8時間！ 夜時間の充実でリラックス

寝ることが大好き！　たっぷり睡眠がいちばんの美容液。

夕方に食事を終える私の夜時間は長いです。メンタルの調子は食事と睡眠に直結していますから、1日の中でも眠りにつくまでの夜の数時間をとくに大切にしています。夜は照明もなるべく暗くして、お風呂にゆっくりつかり、ジャズやクラシックの音楽を小さくかけ、心静かに過ごします。

遅くとも午前0時には就寝し、起床は朝8時ごろ。8時間睡眠が私のベストコンディションの条件です。

過密スケジュールだったころは、朝方まで収録して帰宅し、シャワーと着替えだけしてすぐに現場にとんぼ返り……なんてことがありましたが、精神の安定に睡眠は欠かせないもの。睡眠不足にならないよう、気をつけるようになりました。

ちなみに、夜はリビングでテレビのニュースや天気予報、お気に入りの大食いユーチューバーの動画を見たあと、赤ちゃんやワンちゃん、猫ちゃんなどの癒し系の動画を見ると、スムーズに眠れます。

早出や深夜の仕事で8時間睡眠がとれないときは、翌日の昼寝で調整するようにしています。心配事やストレスは睡眠の大敵ですから、枕に頭をつけたら、考え事は一切シャットアウト。たっぷり寝ることでいつも機嫌よく過ごせるのです。

PART 2
飯島直子のつくり方
ビューティ編

メイクはするより
キレイに落とすことがいちばんのスキンケア。
丁寧な洗顔とシンプルな保湿で
肌は整えられます。
いつものプライベートメイクと
お仕事メイクを紹介します。

シンプルスキンケアで肌コンディションが整う！私がロングセラー商品を選ぶ理由

若いころは高額コスメも使っていましたが、今ではメイク落としから洗顔に保湿まで、ドラッグストアで手軽に買える基礎化粧品を愛用しています。美肌の基本は丁寧な洗顔とシンプルな保湿に尽きると思うのです。

本来、肌には乾燥や摩擦から肌を守るバリア機能が備わっていて、手をかけすぎたり、特定の成分を補いすぎたりして肌を甘やかすと、バリア機能が低下してさまざまな肌トラブルを招く原因に。また、肌は刺激に弱いので、やたらと顔をさわったり、肌をこすりすぎたりしないようにしています。

そこで、ベースメイクは刺激の少ないジェルで、アイメイクなどのポイントメイクはローションをなじませてやさしくオフします。洗顔料はしっかり泡立ててふわふわにし、そっと肌にのせるようにすべらせ、こすらず洗い流します。

いろいろなスキンケアアイテムを試してきましたが、デイリーで使うものは、長年売れ続けているロングセラー商品へとたどり着きました。信頼感がありますし、ドラッグストアでいつでもどこでも入手できる定番商品なら、ロケ先でも簡単に入手できて安心です。洗顔は、ぬるま湯で20回、冷水で10回、しっかり洗い流します。

洗顔後は、ゲル状でオールインワンタイプの高保湿クリームを顔全体に塗り、米粒大のシワケア用クリームを目元やほうれい線に塗るだけの簡単ステップ。季節を問わず一年中使えてベタつかず、保湿効果が長く続くのが気に入って、なくてはならないお守りのようなアイテムになっています。

そして、休日など週に1度はオイルマッサージのディープクレンジングでスペシャルケアをして、日々、蓄積された汚れをオフしています。

洗顔後の清潔な肌にオーガニックのホホバオイルを顔全体になじませ、中指と薬指でやさしく円を描くようにマッサージし、15〜20分放置したら、ぬるま湯で軽く洗い流します。このとき、牛乳石鹼（赤箱）を泡立てて油分をさっと洗い流し、その後はいつもの保湿ケアで仕上げます。しっとり保湿しながら小鼻やほおなどの毛穴の黒ずみを除去できるので、なめらかな素肌が保てます。

直子's beauty　スキンケアアイテム

◎クレンジング

ジェルやローションでこすらず
やさしくメイクオフ

1 キュレル　ジェルメイク落とし
／花王（キュレル）
2 ビオデルマ サンシビオ エイチ
ツーオー D／NAOS JAPAN

◎洗顔・オイルマッサージ

デイリーケア＆スペシャルケアで
毛穴汚れもスッキリ

1 ロゼット洗顔パスタ 荒性肌／ロ
ゼット
2 オーガニックホホバオイル・ゴ
ールデン／自然化粧品研究所
3 カウブランド 赤箱／牛乳石鹼共
進社

◎保湿

オールインワンタイプの高保湿剤＆
シワケアでうるおいを閉じ込める

1 カルテHD　モイスチュア インストール／
コーセー マルホ ファーマ
2 リンクルショット メディカル セラム／
ポーラ

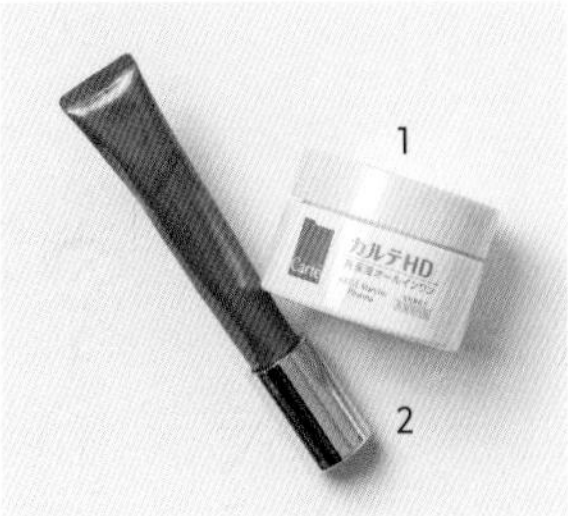

コンプレックスもチャームポイントも、すべてを知り尽くしたこだわりのセルフメイク

仕事のとき、私は基本的に自分でメイクをします。長年お付き合いのある専属のヘアメイクさんには、おもに仕上げメイクとヘアアレンジをお願いし、そのほかすべてのメイクはセルフでやるのが私流。これは、デビュー当時から変わらない習慣です。毎日何度も鏡で見ている自分の顔は、それぞれのパーツの特徴も全体のバランスも、すべて熟知していますよね。長所も短所もほかのだれよりも自分がいちばんよくわかっていますから、盛りたいパーツや隠したいパーツ、さじ加減など、トータルで決めて、理想とする顔をプロデュースしたいのです。

もちろんメイクさんにしていただくのもすごく素敵で好きなのですが、どうしてもそのときのトレンドやメイクさん流のメイクになってしまいます。仕事で表に出るときの顔は、できるだけ自分らしく、ベストの状態でありたい。プロ意識といってしま

う と大げさですが、自分のいちばん理想とする顔でスタンバイすることで、自信を持って人前に立てるような気がするのです。

実は、離れたタレ目がコンプレックスなので、顔の真ん中にパーツを寄せて立体感のある引き締まった印象を目指しています。こだわりは眉やアイシャドウなどのアイメイク。目に光が入るような、力のあるアイメイクを心がけます。

とくに、アイラインの微妙な太さの違いや眉を描く角度など、一つひとつのテクニックに思い入れがあるから、ほかの人に再現してもらうのがなかなか難しいのもセルフメイクをする理由の一つです。

メイクの持つパワーは絶大です。満足な仕上がりは、一歩前に踏み出す勇気をもらったり、「今日はこの顔で生きていく」という自信にもつながり、セルフメイクする時間が至福の時間になっています。

そもそも私は、とてもせっかちなんです。仕事でヘアメイクをしていただく場合、通常撮影の1時間前くらいには現場に入らなくてはいけません。でも、自分でメイクをして行けばたったの30分！　現場で手直しをする程度だから、台本を読むなどメイク以外の準備に時間が使えるのもセルフメイクのメリットです。

50代からは透明感が命！薄づき美肌を叶える大人のベースメイク

透明感のあるベースメイクのためには、スキンケアが大切です。保湿をしっかり行い、肌を整えてからメイクをすると、薄づきでもなめらかで自然な仕上がりになるんです。そのあと、紫外線対策のため、簡単にUVケアできる商品を活用しています。スキンケアの効果を高める準備として、月に1度、顔の産毛を剃っています。角質や古い皮脂が除去されて肌が清潔に保たれ、くすみが改善されて肌がワントーン明るくなり、透明感がアップ。さらに、下地クリームやファンデーションが均一に肌にフィットするのでムラになりにくく、メイクくずれも防げます。

下地やファンデーションは、ごく少量を手に取り、顔の中心部から外側に向かって広げるようにのばします。仕上げに顔の外側にワントーン暗めのシェーディングパウダーで陰影をつけると、メリハリのある立体的な大人顔の完成です。

プライベートメイク

UV ケアは万全に。ミネラル配合のファンデで肌負担を軽減

1 UVイデア XL／ラ ロッシュ ポゼ
2 マットスムースミネラルファンデーション #35／エトヴォス
3 トゥークールフォースクール　アートクラス バイロダン シェーディングマスター #クラシック（本人私物）
4 リシャン メイクキープUVスプレー／ティーサイド

スペシャルケア

飲む UV ケアで体の中から簡単に紫外線カット

ユーブロック（30粒入り）／サンソリット

お仕事メイク

下地とクリームファンデーションでしっかり下地づくり

1 ディオール プレステージ ホワイト ル プロテクター UV シアーグロー（本人私物）
2 ディオール カプチュール トータル セル ENGY スーパー セラム ファンデーション 2N（本人私物）
3 ディオールスキン フォーエヴァー クッション パウダー ライト／（本人私物）

チークなしでもフェイスラインが上がる！ニュアンス小顔になるテクニック

私のベースメイクは、軽めのプライベートメイクとしっかり下地を作り込むお仕事メイクの2種類です。どちらも念入りにUVケアをし、仕上げにファンデーションより1トーン暗めのシェーディングパウダーを顔周りに入れます。チークは使いません。このプロセスでフェイスラインが引き上がり、奥行きのあるニュアンス小顔を目指します。最後にUVスプレーを顔全体にスプレーしてメイクくずれを防ぎます。

プライベートメイクで使うのは、肌に負担の少ないミネラルファンデーション。紫外線対策にすぐれ、クレンジング不要な手軽さが気に入っています。軽いつけ心地なのに薄づきで、カバー力があり、私の定番になっています。

仕事や撮影のときは、肌悩みを帳消しにしてハリを出し、しっとり美肌に仕上がるクリームファンデーションをセレクト。欠かせない一品です。

厚塗りはNG！
薄づきでカバー力があり、美肌＆小顔を叶える簡単ステップ

★仕上げにUVスプレーでメイクのくずれを防ぐ。

プライベートメイク

ステップ1：UV ケア

ラ ロッシュ ポゼUVイデア XLを顔全体に塗る。

↓

ステップ2：ファンデーション

マットスムースミネラルファンデーション #35を
ブラシで顔全体にのせる。

↓

ステップ3：シェーディング

トゥークールフォースクール　アートクラス バイロダン
シェーディングマスター #クラシック(※)を
ブラシでおでこからフェイスライン、あごにかけて1周させる。

※本人私物。ファンデーションよりも
1トーン暗めのシェーディングパウダーならメーカー問わず代用可能。

お仕事メイク

ステップ1：UV ケア・下地

ディオール プレステージ ホワイト ル プロテクター UV シアーグローを
顔全体に塗る。

↓

ステップ2：ファンデーション

ディオール カプチュール トータル セル ENGY スーパー セラム
ファンデーション 2Nを適量手に取り、
顔の中心部から外側に向かって薄く塗り広げる。

↓

ステップ3：パウダー

ディオールスキン フォーエヴァー クッション パウダー ライトをブラシで
顔全体にのせる。

↓

ステップ4：シェーディング

トゥークールフォースクール　アートクラス バイロダン
シェーディングマスター #クラシック(※)を
ブラシでおでこからフェイスライン、あごにかけて1周させる。

美は細部に宿る!?
アイメイクの3種の神器をフル活用！
なりたい顔はこうして作る

メイクで目指したいのが、平面的なのっぺり顔に立体感を出し、メリハリのある大人の表情を作り出すこと。目は大きく、鼻は高く見せ、フェイスラインは引き上げて、中心部の高い立体的な小顔が理想ですよね。

キモとなるのが、私の場合、アイメイクです。なりたい顔になるため、道具選びは本当に大切です。ここでご紹介するアイシャドウ、アイライン、アイブロウのアイテムは、今まで膨大な数を試し、失敗し、回り道をしてたどり着いた、本当に使える優秀品。まさに私の秘密兵器といえるアイテムです。万人に合うかどうかはわかりませんが、私のように「タレ目」「目が離れている」「丸顔」をコンプレックスに感じている方の参考になればうれしいです。

基本的にポイントメイクは58ページの一式を使い、複数使い&適宜セレクトしています。

飯島直子顔になる秘密兵器一式。
単品でなく、複数使いこなしてメリハリ小顔を実現。

◎アイシャドウ

1 エレガンス アルモニーアイズ 08／エレガンス コスメティックス
2 ラ ブーシュ ルージュ アイシャドウ チルワ／エドストローム オフィス
(※ケースは別売：ラ ブーシュ ルージュ パウダーケース)

◎アイライン

3 ルミアグラス スキルレスライナー 02.ローストブラウン／カティグレイス
4 デジャヴュ ラスティンファインE クリームペンシル(リアルブラック)／イミュ
5 デジャヴュ ラスティンファインE 極細クリームペンシル(リアルブラック)
／イミュ

◎アイブロウ

6 サナ　ニューボーン　W ブロウＥＸ　N　Ｂ６(ナチュラルブラウン)
／常盤薬品工業
7 セザンヌ　超細芯アイブロウ(02 オリーブブラウン)／セザンヌ化粧品
8 ケイト　デザイニングアイブロウ3D(デュアルカラー)EX-4 ライトブラウン系
×キャロットオレンジ(WEB専用品)／カネボウ化粧品

◎まつエク用仕上げ剤

9【Cite】リアクト ラッシュセラム／ケイトオブ東京
10【Foula】ラッシュフィクサー 10mℓ／ケイトオブ東京

◎リップグロス、リップクリーム

11 リップルピナス　001 ルピナスマットクリア／J.THREE
12 リップルピナス　005 ルピナスグリッターオレンジ／J.THREE
13 DHC薬用リップクリーム／DHC

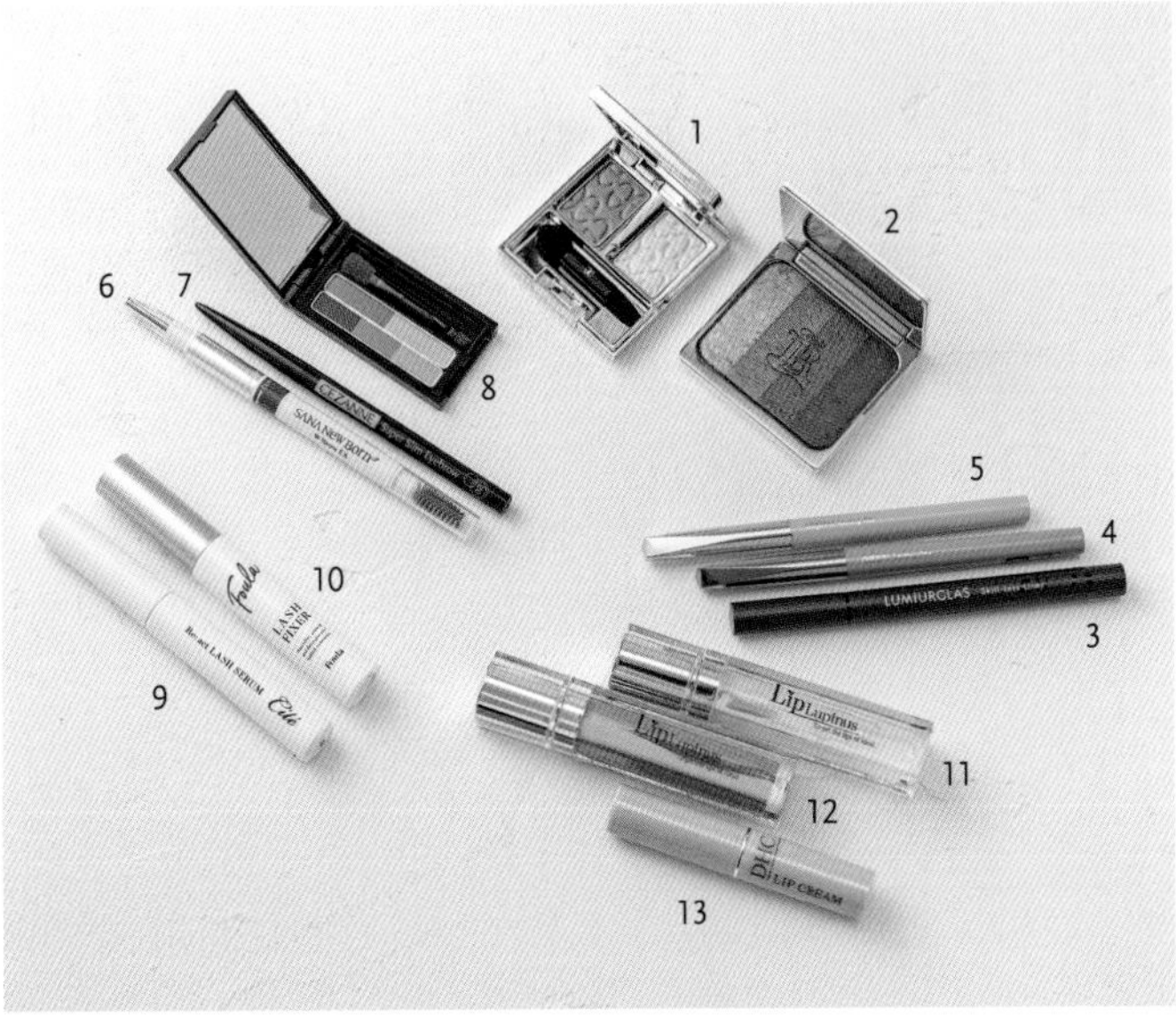
1
2
6
7
8
5
4
3
10
9
11
12
13
CEZANNE
LASH FIXER
LUMIURGLAS
Lip Lupinus
DHC
LIP CREAM

これが飯島直子顔2・0！10分でイマドキ顔になる完全メイクマニュアル

メイクが難しいのは、ある程度時代のトレンドに合わせてアップデートしていく必要があるからかもしれません。ありがちなのは、いちばんイケてた（笑）、若いころのメイクを何十年も引きずること。とくに眉メイクは要注意。今流行りの若い子向けの眉メイクを私の年齢ですると、野暮ったくなってしまうので、似合う形を常にチェックし、角度や色味、濃淡を更新させています。

◆**アイシャドウ**

アイシャドウは、2種類のアイテムを使い、【ベースを整える】→【陰影をつける】→【仕上げる】の3ステップでメイクします。まず、イエローのパウダーでアイホール全体のくすみを消してから、上下のまぶたに色をのせて奥行きを出し、ハイライトカラーで仕上げます。

◆アイライン

アイラインはリキッドタイプとペンシルタイプを3本使う、三刀流（笑）。【目尻のライン】→【目頭のライン】→【下まぶたのキワのライン】の3ステップです。目のキワや目尻のキワなどの細部にごく細くラインを入れるこの瞬間は、絶対に失敗できないので、息を止めるほど全集中！　このテクニックで丸い大きな目の完成です。

◆アイブロウ・ノーズシャドウ

角度のある懐かしのナオラー眉から進化して、今ではふんわりと自然なカーブを描きながらも、少し細めの洗練された眉に落ち着きました。アイブロウは【輪郭を描く】→【毛流れを調整】→【パウダー仕上げ】→【ノーズシャドウ】の4ステップです。

眉のカーブが大きいと、ややきつい印象に。自然でゆるやかなアーチにすることで、眉の位置をやや斜めに配置でき、顔全体を引き上げ、キリッとした雰囲気が出せます。

◆まつエク

タイパやコスパも考慮して、はしょれる工程はカットしながらなりたい顔になりたいもの。私の場合、今ではまつエクはなくてはならない必須アイテムです。

まつエク歴はかれこれ15年ほど、まつエクの持つ破壊力は絶大で、下向きで短く、まばらなまつ毛も、バサバサの姫まつ毛に瞬時に変えてくれます。朝、起き立ての鏡の中の自分の顔に驚くほど目力が出て、目がキリッと大きく見えるだけでなく、すっぴん顔にも違和感なくなじみます。今はもうまつエクのない毎日なんて考えられないほど、感謝しているアイテムです。

3～4週間に1度のペースでサロンに通ってメンテナンスをし、印象的な目元をキープできるよう心がけています。

オーダーは120本のJカール、8ミリ、9ミリ、10ミリのミックス。これは、自分のまつ毛のコンディションを見ながらたどり着いた黄金バランスなんです。120本だと適度なボリュームがあり、目の輪郭が際立つので、仕上げはジェルタイプのまつエク用アイテムで整える程度で大丈夫です。仕上げ剤は2種類を適宜使い分けています。Jカールは、毛先だけを少し上げた自然でゆるやかなカールが特徴です。あえてまつ毛を強調しすぎず、ナチュラルな目元を演出してくれます。

ポイントは、目頭から目尻まで同じ長さだと不自然なので、ミックスすることでより自然に見えるところが気に入っています。

まつエクとアイラインの効果で目の際のラインが濃く見え、瞳を強調することができるので、目に光りのある、引き締まった目元に仕上がります。

◈リップグロス・リップクリーム

もともとの唇の色がしっかりあるので、濃い色はのせず、唇の地色を生かすリップグロスが定番です。自然な色合いのリップクリームだけで過ごすことも。アイメイクがしっかりなぶん、リップメイクは控えめにしてバランスをとっています。仕事のときはしっかり色の入る口紅を使うこともあります。

陰影を作るぼかしワザと極細ラインで目力 MAX！
目を 1.5 倍大きく見せるテクニック

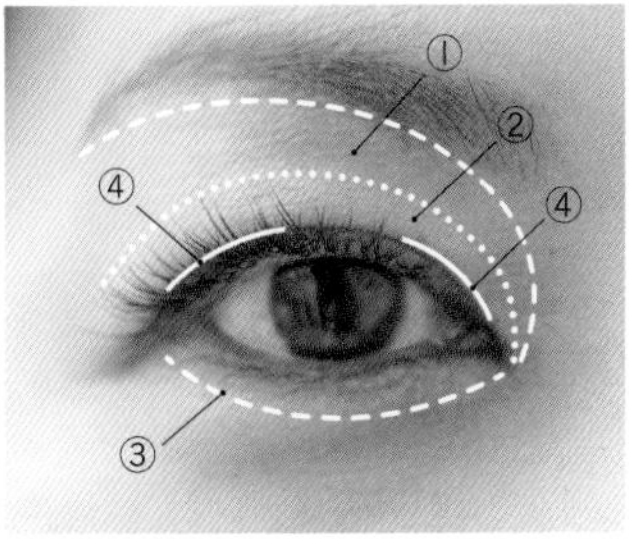

◎アイシャドウ
アイシャドウ(1)のイエローをまぶた全体にのせ(①)、ブラウンをアイホールにのせる(②)。下まぶたの目頭から目尻にかけて涙袋に沿ってイエローでラインを引く(③)。目の周りのくすみを飛ばし、目元を明るくする。アイシャドウ(2)の薄いブラウンと薄いピンクを混ぜ、上まぶたの目頭と目尻の白目の上の部分に重ね、なじませる(④)。仕上げに下まぶたの目のキワに濃いピンクでラインを入れ、ニュアンスを出す。

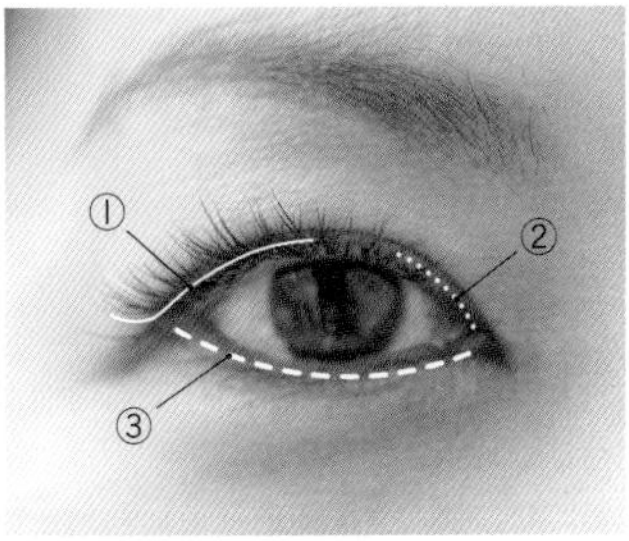

◎アイライン
リキッドタイプのアイライナー(3)で上まぶたの黒目の上3分の1から目尻にかけて極めて細くラインを入れ(①)、目尻は2〜3㎜程度長めにはね上げる。このとき、伏し目がちにして描くと描きやすい。クールでやさしい目元に。次に、クリームペンシル(4)で上まぶたの目頭寄りのキワに切り込みを入れるように細くラインを引く(②)。目元がぐっと引き締まり、奥行きが出る。次に、極細クリームペンシル(5)で下まぶたの目尻寄りのキワの粘膜にインラインを引き、目の輪郭をくっきりと際立たせなじませる。下まぶたの目頭寄りのキワにもインラインを引き、上まぶたの目頭のキワに入れたラインとつなげて逆くの字になるようにする(③)。

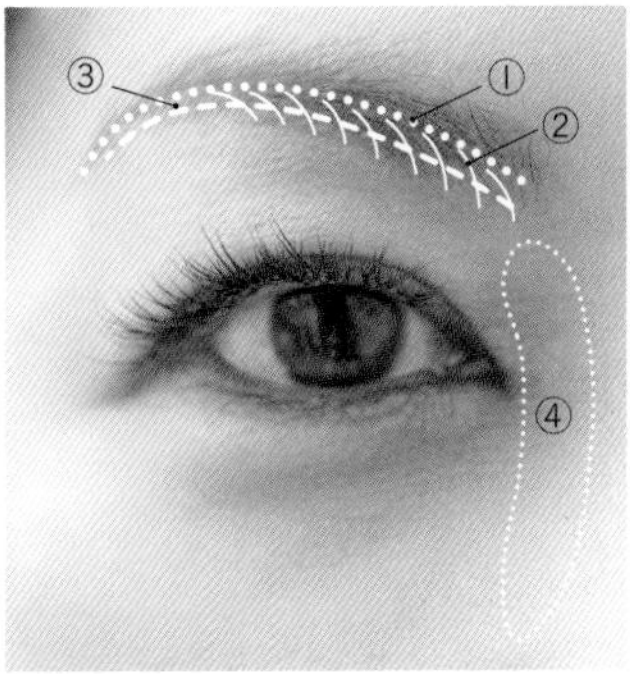

◎アイブロウ・ノーズシャドウ
アイブロウペンシル(6)でふんわりアーチ形の輪郭を描き(①)、極細のアイブロウペンシル(7)で1本ずつすき間を埋めるように描き足す(②)。左右の形や生え方を整えるよう調整したら、スクリューブラシで毛流れを整える。アイブロウパウダー(8)の濃いピンクといちばん薄いベージュを付属のブラシで混ぜ、眉全体にのせ、淡くぼかす(③)。ふんわりやわらかく、やさしい印象に。最後にいちばん薄いブラウンと2番目に薄いブラウンの2色を混ぜ、眉頭から鼻わき、小鼻の横に向かってノーズシャドウを入れる(④)。眉から鼻にかけて一連の作業で作り込むと立体感が出る。

※使用アイテムはP.58参照。

きめ細かい泡のパックで トゥルントゥルン美髪になる 魔法のシャンプー

人の第一印象は、ヘアスタイルに左右されます。私はロングとボブを10年ごとに変えていて、ここ数年はストレートのロングヘアにしています。髪が多く、硬いのが悩み。くせ毛で、ストレートパーマを定期的にかけてストレートヘアをキープしているんですよ。ドライヤーのとき、洗い流さないタイプのヘアオイルをなじませるとまとまりやすくなります。

そして、ケアが行き届いているかどうかがもっとも目立つのも、髪。乾燥してパサついたダメージヘアは、老け感を一気に加速させてしまいますから、ツヤのあるしっとり美髪を目指したいですよね。

年齢とともにコシがなくなって扱いにくく、うねりや、あらぬ方向に飛び出るアホ毛（笑）が気になっていたころ出会ったのが、天然・非加熱のはちみつを配合したシャ

ンプーです。シャンプーした直後から指どおりよく、見違えるほどのサラサラのツヤ髪に変わったのです。

まず、髪と頭皮をブラッシングしてしっかり汚れを落としてからシャンプーします。シャンプーをしっかり泡立て、頭皮をマッサージしながら洗い、もっちりした泡で髪全体をパックするように1～2分放置してから洗い流します。少量でも驚くほどふわふわに泡立ち、保湿成分が髪と地肌を包み込むように浸透していく感じが心地よく、ほんのりはちみつの香りに包まれながら泡パックする時間は、やすらぎの時間。毎日使ってもいいですが、私の場合、ふだんは別のアイテムを使い、2～3日に1回のペースで髪に栄養をチャージするスペシャルケアとして使っています。

同じシリーズのトリートメント後は、すぐにヘアオイルで保護してドライヤーで乾かします。

はちみつの保湿作用のなせるワザなのか、指どおりもトゥルントゥルン！

髪質がワンランク上がったような変化が感じられて、今では手放せなくなりました。髪のコンディションがいいと、肌も格段に明るくキレイに見えますし、自信が持てて気分も上がります。

髪の内側から元気をチャージしてくれる
大人の美髪メイクのスペシャルケア

1 MYHONEY REMEDY ハニーケアシャンプー＆トリートメント 380g／MYHONEY
2 MYHONEY REMEDY Hオイルブレス／MYHONEY
3 ロレアル パリ エルセーヴ エクストラオーディナリー オイル ローズインフュージョン／ロレアル パリ
4 ディアーズオイル／WEBSTYLE

角質を落としてしっとりつるすべ！体のすみずみまで潤す

肌の潤いを保つ保湿成分は年齢とともにへっていき、ある保湿成分は50代になると20代の約半分にまで減少するといわれています。

ふだんからハンドクリームをちょこちょこ塗ってハンドケアを心がけていますが、ボディもデコルテから足先まで、ボディウォッシュとボディクリームを組み合わせて乾燥対策をしています。

ボディウォッシュは、古い角質を落として肌をなめらかにする効果のあるものを使ってやさしく洗い上げます。

クレイやはちみつなど、マイルドなピーリング効果のあるものを選ぶことで、かかとやひじ、ひざ、おしりなどのザラつきもスッキリ。使い続けるうちに余分な角質が取り除かれ、保湿効果が高まります。

とくに、はちみつが配合された植物由来のボディウォッシュは、癒し効果抜群。はちみつの香りと豊かな泡立ちで、しっとりすべすべのやわらかい素肌に仕上がるんですよ。

入浴後の保湿剤は、香りやテクスチャー、気分、季節などによって各種使い分けています。

ふだんは軽めでたっぷり惜しみなく使えるボディローションを、冬場やひどく乾燥したときには、濃厚なクリームタイプを、しっかり浸透させたいときは、オイルタイプを選びます。

適量を手に取り、乾燥が気になるパーツから順に、手足はマッサージするようにやや圧をかけながらすべらせるように塗るのが私のポイントです。

汚れはしっかり落としながらたっぷり保湿で
シルクのようななめらかボディに

1 HACCI ボディオイル／HACCI
2 イングリッシュ ペアー ＆フリージア ボディ ＆ ハンド ローション／ジョー マローン ロンドン
3 ウッド セージ＆ シー ソルト ボディ クレーム／ジョー マローン ロンドン
4 ジョンソンボディケア ドリーミースキン アロマミルク　ラベンダーとカモミールの香り／Kenvue
5 DROAS クレイボディウォッシュ　クール（季節限定品）／I-ne
6 HACCI ボディウォッシュ Bee Hug／HACCI

いつもキレイな歯でいたいから、アイスコーヒーはストローで

会話するときやほほえんだとき、手入れの行き届いた清潔な白い歯が見えると、魅力的ですよね。私も、ふだんから歯を白く保てるように気を遣っています。

もともと大のコーヒー好きの私は、1日5〜6杯のコーヒーを飲みますが、コーヒーの着色や茶渋汚れは、一旦付いてしまうとけっこうしぶとく、なかなか取れません。

一年中アイスコーヒー党なので、必ずストローを使って飲むようにし、口全体にコーヒーが行きわたらないよう注意しています。また、ホットコーヒーやお茶など、熱いものを飲んだら、できるだけ早く口をゆすいで歯に色素が定着しないように心がけています。歯のホワイトニングのホームケアを定期的にしていて、その数日間だけはカレーなど、歯が着色しやすいものも極力我慢。

そのほか、50代を過ぎると、注意したいのが歯周病です。歯周病は認知症をはじ

めさまざまな生活習慣病の原因になるといわれていますし、口の中の健康は全身の健康と密接に関わっていますから、歯や口の中をいつも清潔に保ちたいもの。そのために習慣づけているのが、毎日の丁寧な歯磨きです。歯ブラシは横向きにして、力をいれず筆を持つようにして歯の側面に当て、軽く小刻みに動かして歯と歯ぐきの間や歯と歯の間に毛先を入れ、ブラッシングします。

そして、朝はホワイトニング効果のある歯磨き粉を、夜は歯周病予防成分を含む歯磨き粉を使い、1日3回、丁寧に歯磨きをします。歯ブラシだけでなく、フロスや歯間ブラシも使って10分くらいかけて念入りに行っています。

ケアをしているかどうかで10年後、20年後に差がつくと信じて、せっせとマウスケアをしています。

直子's beauty

マウスケアアイテム

ずっと使い続けている
歯の美白ケア

アパガードプレミオ[薬用歯みがき]／
サンギ

笑顔を忘れないために着けている、体の一部のような「スマイル」という名のジュエリー

4年ほど前の誕生日、思い立ってネックレスを買いました。当時の私は少し疲れていて、50歳を過ぎ、いろいろと心を悩ませる出来事が続いていたころでした。

元気を出したいな、いつも笑顔でいたいな。そんなちょっぴり落ち込みがちな気分だったときに出会ったのが、スマイルの形をモチーフにしたネックレス。イエローゴールドにダイヤモンドをあしらったデザインです。ショップで一目見て気に入り、それ以来、自分の肌の一部のように常に身に着けるようになりました。

その名も、ティファニーT　ミディアム スマイル ペンダント。シンプルでモノトーンのファッションにもなじみ、デコルテラインに沿うように、さりげないアクセントになります。下を向かないように、片時も笑顔を忘れないように。そんなメッセージが込められているようで、このジュエリーを着けていると自然と笑顔になれます。

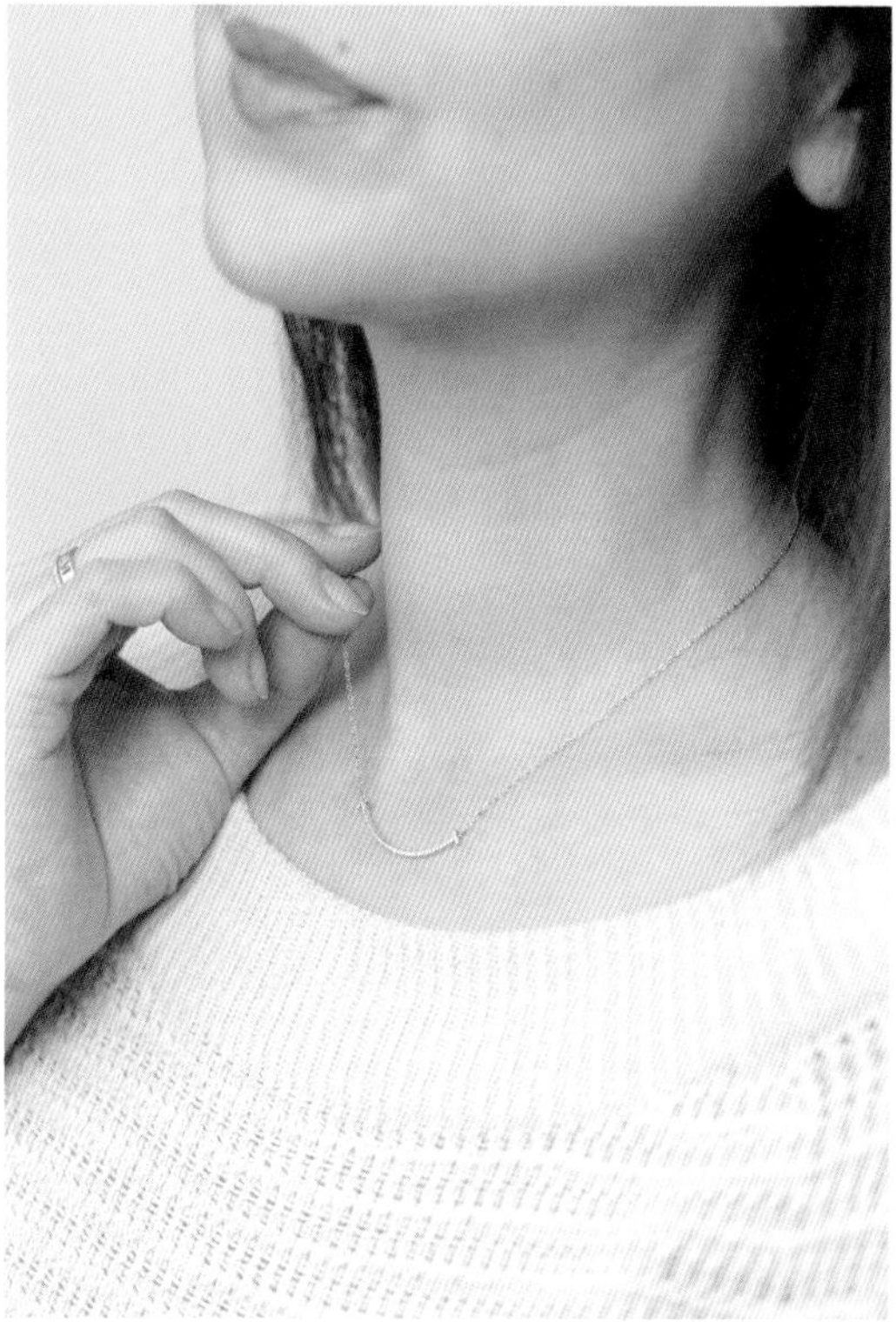

お気に入りのバッグといつも持っているもの

出かけるときに持ち歩くものは、極力ミニマムを心がけています。
メイク直しも最小限。
ハンドクリームやリップはその日の気分で入れ替えます。

◎いつもバッグに入れているものたち

ステラ マッカートニーのお財布、サングラス(ブランド不明)、手帳(書店で購入したお気に入り。ブランド不明)。ハンドクリームはエオラ、ビアンセ、ジョー マローンを使い分けています。ふだん使いのリップグロスをメインに、仕事のときは口紅も。ジバンシーのフェイスパウダーはごくたまにメイク直しをするときに。エコバッグとアルコールスプレー、かぶれて肌が赤くなりがちなので、ムヒは必需品。これにスマホとハンカチ、ティッシュペーパーをイン。

◎コンパクトで収納力のあるバッグがお気に入り

1トッズ、2セント ブラントン、3ソニア リキエル、4ステラマッカートニー。黒や白、紫の服が多いので、カラーはモノトーンでたっぷり入る、コロンとした形のものを愛用。

About my favorite belongings

ノーブルで大人っぽい香りが気分です

「香水は何を使っているの？」とよく聞かれます。今はシャネルのチャンスとジョー マローンのイングリッシュ ペアー＆フリージアを愛用しています。甘すぎない大人の上品な香りが気に入って定番に。緊張しやすいシーンでもリラックスできて、瞬時に自分らしさを取り戻せるのです。

デイリーバッグは軽くて手軽に使えるものを

軽くて気軽に持てる、トートバッグを日常使い。毎日違うバッグを持つようにしています。近所のスーパーやコンビニ、車で出かけるときに。ポケットがたくさん付いていて、ガンガン使ってもへたれない、丈夫さもお気に入り。

PART 3

飯島直子のつくり方

セルフケア編

大人の健康と運動はセットです。
無理なく楽しく続けられる運動を見つけ、
更年期の不調は放置しないで早めに手を打ち、
自分ファーストで。
10年後、20年後のためにはじめたい、
私流の心と体のセルフケアを紹介します。

美脚は1日にしてならず！もんでほぐして疲れとむくみはその日のうちに洗い流す

ただ細いだけでなく、ほどよく筋肉のついた形のいい美脚は憧れですよね。美脚の秘訣は、鍛えすぎないことと、その日の疲れやむくみを放置しないこと。ふくらはぎの筋肉はふだんの動作で使われやすく、発達しやすいので、歩きすぎたり、圧の強すぎる筋トレをしたりすると、ゴツくたくましくなりがちなんだそうです。

そこで、フットローラーやマッサージガンを使った脚ほぐしを毎晩欠かさず行うようにしています。とくに、立ちっぱなしや座りっぱなしの日、歩きすぎた日は、念入りにマッサージし、なるべく筋肉を硬いまま放置しないようにしています。

太ももの裏からひざ裏、ふくらはぎにかけて、足首や足の裏まで念入りにほぐします。適度な刺激が気持ちよく、血行がよくなり、ポカポカして疲れもむくみも解消されます。両脚で10分くらいが目安です。

鏡張りの直子ジムで週2回のオリジナル筋トレ。マイペースでゆるゆる続けるのが私流

活動的な日中にしっかり食べて、夜はたんぱく質や野菜を中心に、糖質オフの食事を17時ごろ、遅くとも18時ごろまでに終えるのが私のモットー。夕食から翌日の食事まで、約16時間空腹状態を作ることで胃腸が休まり、消化吸収もアップ。体に備わった自浄作用が活性化し、ダイエットやアンチエイジング効果があると聞いて続けています。とはいえ、おなかが空いてしょうがないときは、せんべいやチョコをつまむことも。

「ちょっと太ったかな」と思ったときは、食事はへらさず運動をふやしてなるべく早く対処します。体重に振り回されず、食事と運動を重視して体脂肪を落とし、筋力をつけるほうへ意識がシフトしていきました。

そして、自宅の一室をジムスペースにし、エアロバイクやぶら下がり健康器、スト

レッチポール、バランスボール、ヨガマット、ダンベルなどを置き、週2〜3回、オリジナル筋トレをしています。名づけて「直子ジム」。このスペースで、自分でメニューを組み立てて実践しています。

空腹で体内の栄養素が不足した状態でトレーニングすると、筋肉が分解されやすくなるので、運動前には必ず栄養をチャージ。糖質は主要なエネルギー源となる不可欠な栄養素なので、適度にとるよう心がけています。たんぱく質とあわせてとると、吸収がよくなります。おすすめは、運動前後に好きなプロテイン（→P.31）などをとること。筋肉はたんぱく質でできていますから、筋肉の材料をしっかりチャージすることが大切と知りました。

最近ではYouTubeのトレーニング動画を見ながらやることも。1日10分で終わるときもあれば、2時間みっちりやるときもあり、その日の気分でやりたいメニューを自由にチョイスして続けています。

この直子ジム、壁一面にネットで買った全身が映るミラーをDIYで貼り付けた、鏡張りのかなりの本格派！　自己流のトレーニングとはいえ、過去に多くのトレーナーさんに習ったノウハウの蓄積があり、動きを確認しながらできるので、テンションも上がります。

しなやかな筋肉をつけながら脂肪燃焼効果のある「シン・ストレッチバレエ」

バレエの先生をしている心友《しんとも》（↓P．164）に誘われ、筋トレと有酸素運動の融合ともいえるエクササイズとして、昨年から週1回のストレッチバレエをはじめました。体のゆがみや姿勢のチェックも含めて通っています。

まず、ストレッチで硬くなった筋肉をゆるめて関節を動きやすくします。関節の可動域が広くなると、日常の動きもしなやかでスムーズになりますし、運動効果もアップします。次に、少し息が上がる程度の心拍数で継続的に動く有酸素運動（エアロビクス）で全身のめぐりをよくしたら、最後は筋トレで仕上げます。これでトータル1時間のレッスンです。大切なのは、硬い体のままトレーニングしないことと、ストレッチで体をじゅうぶんほぐすこと。有酸素運動と筋トレの効果がダイレクトに得られ、しなやかで代謝のいい体に近づいていきます。

おうちでできる！ 簡単ストレッチバレエ

バレエの動きを取り入れ、ストレッチ 有酸素運動 筋トレ を
バランスよく組み合わせた簡単エクササイズ

肩・背中のストレッチ

3セット

1
手のひらを上にして両ひじを曲げ、つま先を開いて立つ。

2
両ひじをわき腹に付けたまま背中を寄せるように両ひじを真横に開き、ストレッチしたら、元に戻す。1、2を8回くり返す。

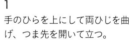

おしり・もも裏のストレッチ

3セット

1
壁やテーブルなどの前に離れて立ち、両手をつく。頭を両手の中に入れるように下を向き、かかとからおしり、おしりから頭までが一直線になるように股関節を直角に曲げる。

2
ゆっくりひざを曲げておしりからもも裏をストレッチしたら、元に戻す。1、2を8回くり返す。

ひじ・ひざタッチエアロ

2セット

1
脚は腰幅より広く開き、
腕は手のひらを前に向け
て上に伸ばす。

2
左ひざを曲げて右ひじを
タッチし、反対側も同様
に行う。左右交互にリズ
ミカルにくり返す。左右
合わせて50回行う。

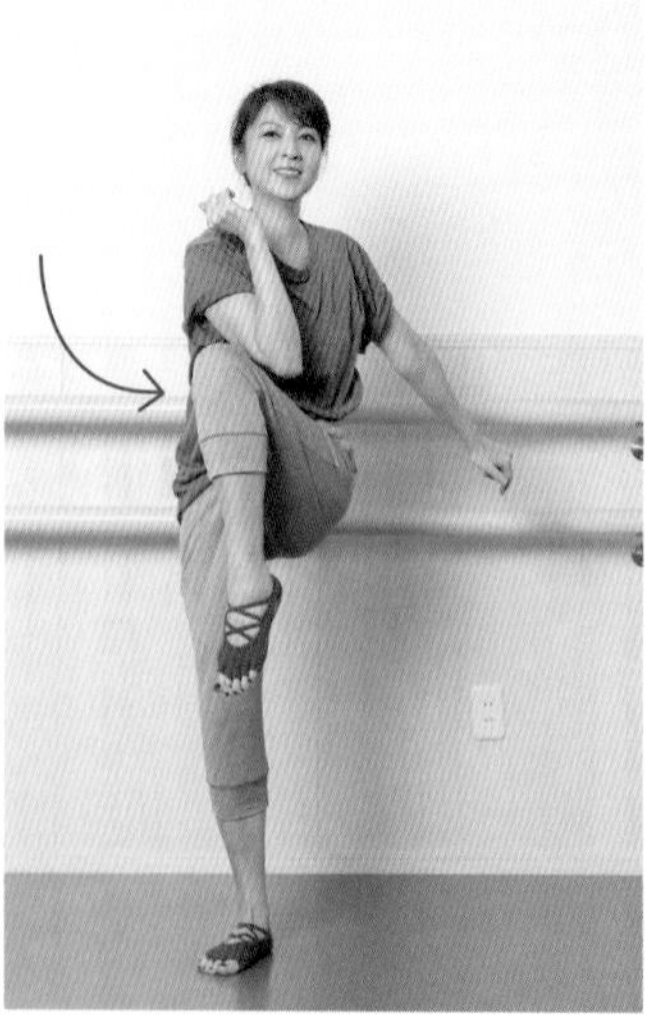

レッグレイズ

2セット

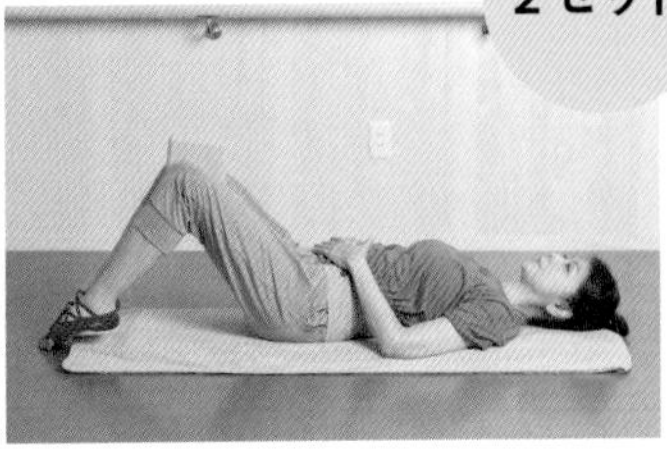

1 両ひざにタオルをはさみ、股関節とひざが90度になるように床にあお向けになる。両手は自然におなかの上にのせておく。

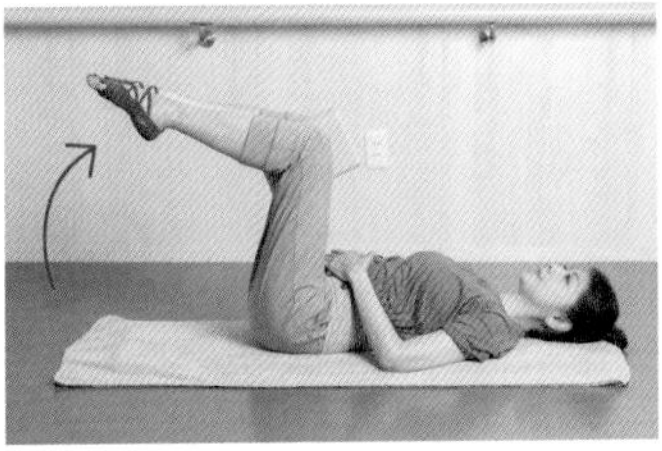

2 おなかに力を込めながら、両脚を上げ、ゆっくり下ろし、つま先で床をタッチ。1、2を20回くり返す。

※腰が反らないように背中を床にしっかりつける。

バレエ立ち腹筋

2セット

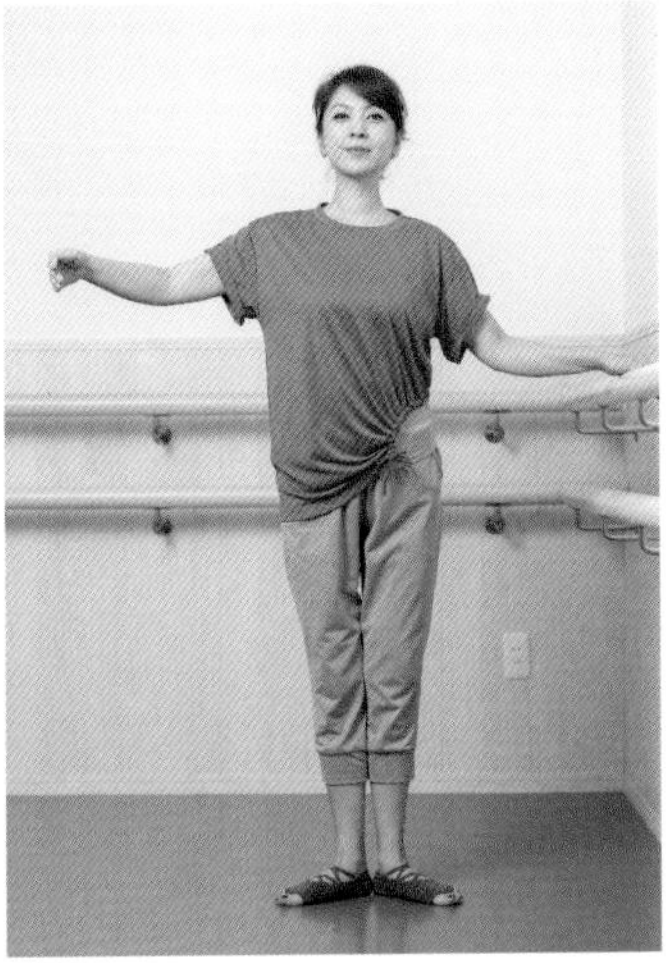

1 壁やイスなどの横に離れて立ち、軽く片手をつく。もう一方の手は肩の高さくらいまで自然に上げてバランスをとる。かかとをつけてつま先を直角に開き、おなかを引き上げる。

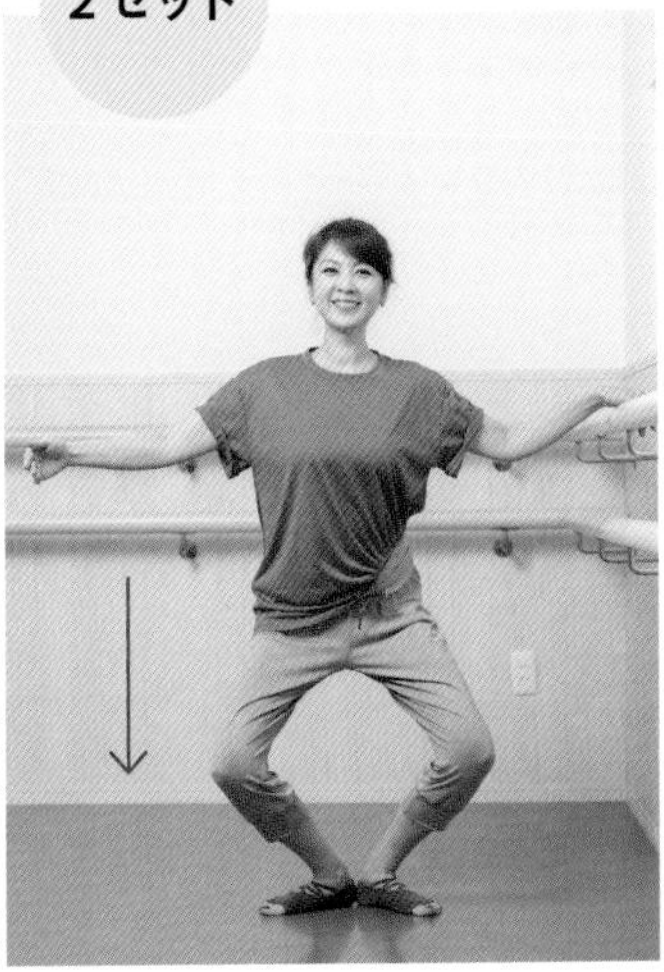

2 かかとをくっつけたままゆっくり腰を落とし、両ひざをつま先と同じ方向に開き、2秒キープし、元に戻る。1、2を8回くり返す。

姿勢を整えるピラティスは身体感覚を研ぎ澄ます究極のレッスン

猫背や体のゆがみを解消しようとはじめたのが、ピラティスです。インナーマッスルを鍛えることで姿勢がよくなり、全身のバランスを整えてメンタルを鍛える効果もあるといいます。インナーマッスルとは、体の奥底にある深層筋。骨や関節を支えて正しい姿勢を維持したり、内臓の位置を安定させたりする働きがあります。マシンで体を支えながらトレーニングするので余分な力がかからず、体幹部にダイレクトに刺激が入り、効率よくインナーマッスルを鍛えることができます。

ピラティスをはじめて約1年ですが、「背骨の1本1本をイメージしながら」「体のすみずみを意識して動かす」という感覚がなかなかイメージできず、苦戦中。手探り状態ですが、30回続けると体が変わるとのこと、動きのいいしなやかな体を目指して、根気強く続けてみたいと思っているところです。

ただ歩くことに全集中！ウォーキングで心も頭もクリアになる

これといって趣味のない私ですが、ここ数年、ウォーキングにはまっています。トレーニングウエアに着替えると、がぜんやる気スイッチが入ります。

大きな歩幅で腕をしっかり振りながら、近所の土手を無心で歩くと、気分爽快！距離8〜9キロの距離を約1時間、けっこう速いスピードでビュンビュン歩きます。距離にして2駅分、ただただ歩くことだけに集中していると、不思議と心がスッキリ整ってくるんです。

筋肉の6〜7割が下半身にあるといわれているので、歩くことで多くの筋肉を効率よく鍛えることができます。筋力や持久力がアップし、脂肪燃焼効果も。血流がよくなるので、全身に血液や酸素、栄養が行きわたり、健康効果が期待できます。

ウォーキングの頻度と時間帯は、週に1〜2回、14時〜15時ごろ。

川沿いの鳥の鳴き声を聴いたり、風を感じたり、草の緑を見たりしながら、ひたすら早歩きしていると、考え事や悩み事が浮かんでは消え、浮かんでは消え……。頭がクリアになり、小さなことにとらわれたり、くよくよ悩んだりすることがなくなり、気分を上手に切り替えられるようになりました。

また、仕事に煮詰まったときにも、外に出て歩くようにすると、新しい発想が湧いたり、新しい視点を思いついたりして、不思議と前向きになれます。

専門家によると、足からの刺激が神経を通して脳に伝わり、脳の働きが活性化する効果があるとか。落ち込んだ気分も晴れやかになり、心のもやもやが解消されていきます。このルーティンが心を浄化する助けになっているような気がします。

私のウォーキングコースはいつも決まっていて、目的地までたどり着いたら、しばらくその場で佇んで深呼吸したり、ストレッチしたり。季節ごとの気温の変化や光の移ろい、景色の変化を全身に浴びて休憩したら、方向オンチなので来た道を戻ります。適度に日光を浴びるので体内時計が整い、心地よい疲労感で夜もぐっすり眠れていいこと尽くめ。何歳からでもはじめられるウォーキングは、骨粗しょう症などのリスクをへらす効果もあるそうです。

20年来の婦人科系トラブルと治療の副作用で経験した地獄の更年期症状

30代前半から今まで、子宮筋腫（子宮の筋層にできる良性の腫瘍）と子宮腺筋症（子宮内膜に似た組織が子宮筋層内にできる病気）に悩まされてきました。どちらも月経痛や過多月経の症状を引き起こし、女性ホルモンのエストロゲンが分泌されている限り、進行を止めることはできません。

私の場合、生理前になると妊婦さんみたいにおなかが膨れて張り、ひどい倦怠感で体調がすぐれなくなります。生理がはじまると強い痛みと過多月経に悩まされ、1か月のうち約3週間はいつも体調不良を感じていました。当時はありがたいことに仕事が猛烈に忙しく、治療に専念することも難しかったため、漢方薬や痛み止めを使ってやり過ごしていました。それに、「閉経して生理がなくなれば、症状は治まる」と信じ込んでいて、とくに積極的に治療に取り組むことはありませんでした。

ところが、40代になっても症状は治まらず、むしろだんだん症状が重くなってきました。担当医と手術を検討しましたが結局取りやめ、50代を迎えました。

50代になると、そろそろ閉経が視野に入ってくるので、進行を抑える偽閉経療法《ぎへいけいりょうほう》（子宮筋腫や子宮腺筋症の進行を食い止めるために注射や内服薬で生理を起こさせないようにする治療法）をすすめられました。これは、女性ホルモンの分泌を低下させて、生理が来ない「閉経と同じような状態」を薬によって作る化学療法。そして54歳のとき、この治療に踏み切りました。

私は本来、西洋医学に頼るのではなく、生活習慣を整えることで自然治癒力を高めて自分の体を回復させたいタイプなんですが、生理を止めることで、長年苦しめられた病気が改善できるかもしれないと考え、投薬治療に取り組みました。

このまま閉経に移行できるといいな、というタイミングでしたが、副作用として更年期のありとあらゆる不調に一気に襲われたのです。

ホットフラッシュやひどいむくみ、めまい、頭痛、倦怠感、イライラ、気分の浮き沈み、不眠……。年上の友人たちが苦しんでいた更年期障害の症状とはこのことかと、はじめて理解しました。

とくにひどかったのが、薬を飲みながら出演した舞台での経験です。強い照明が当たっているせいもあり、舞台上は暑くて暑くてたまらず、薄着をしていたのに服の下で汗が滝のように流れる体験をはじめてしました。あまりの体調不良に戸惑う一方、いずれ来る更年期症状の予行練習ができたような気にもなりました。治療をやめると更年期症状も次第に治まっていきました。

この治療法は、5か月を限度に行い、劇的な筋腫縮小はなかったものの、2センチほど小さくなり、投薬が終わり、生理が再開されると元に戻っていきました。

現在は、生理周期が長くなったため、以前よりは筋腫が縮小されてきたように思います。

更年期は自分ファーストで！食事と運動、睡眠を整え女子会ドックで健康チェック

　更年期とは、閉経をはさんだ前後10年間。この時期、卵巣機能がストップすることでエストロゲンの分泌がほぼゼロになり、さまざまな不調が引き起こされます。

　実生活では多忙で責任の重い立場になるのに、体質は激変し、体調不良に悩まされる一方、周囲の理解が得られにくく、無理をして頑張っている人も多いと思います。この更年期の壁をうまく乗り越えるには、生活を見直し、体を整えることが大切です。体力が衰えたり、疲れやすくなったりするのは当たり前なので、その現実を受け入れ、周りに合わせるのではなく、自分の健康を最優先に考えるようにしたいもの。自分の年齢や体調に合わせて働き方や生き方を見直してみるということ。

　私自身、自分のキャパシティを大幅にオーバーするような仕事のやり方は、もうやめました（笑）。クオリティを保ちながら、いかに心地よくパフォーマンスを発揮で

きるかを見極めるのが、経験値のある大人のやり方かな、と。自分の無理のないペースを探り、早めにつかんで軌道に乗せたほうが、結果的に自分にとっても周りにとってもハッピーだと思うのです。

まずは健康の基本である食事と運動、睡眠を見直して体を整えることを続けています。バランスのいい食事、ストレッチバレエやピラティス、ウォーキング、8時間睡眠を心がけ、体を冷やさないようなるべく湯舟につかったりしています。

さらに、考え方や陥りがちな思考のクセも変えていきたいもの。「こうでなくちゃいけない」といった決め事はできるだけ少なくして、なるべく「まあいいか」「そんなこともあるよね」という気持ちで、自分をラクにするようにしています。

更年期は、それまでの価値観や固定観念を見直し、思い込みや決まり事から自由になる移行期です。自分の人生を主体的に選び取っていくトレーニング期間ですから、徹底的に自分ファーストでいい！　そして、年に1度は仲よしのアラフィフ仲間たちと1泊2日の人間ドックを受け、体のすみずみを調べてもらっています。

ともすれば憂うつになりがちな検診ですが、定期的に受けることでイベントになり、病気やトラブルを未然に防ぐことにつながっていると思います。

手の小指の変形・ヘバーデン結節はテーピングで固定して痛み対策

私の右手の小指は、かすかに曲がっています。手指を使いすぎた日は、夜しびれるように痛むことがあり、痛むと強く握ることができません。これは「ヘバーデン結節」といい、閉経前後に起こる手指のしびれやこわばり、指関節の腫れ、変形を生じる病気。

エストロゲンの減少が関係しているといわれる進行性の病気で、遺伝との関連性や日常的に手指を酷使する人がかかりやすいという指摘があり、美容師の母や姉も悩まされていました。放置すると進行して曲がったまま元に戻らなくなることがありますから、早めに「手の外科」を受診するなど、適切に対処することが大切だと思います。私も頼れる婦人科の主治医の先生を持ち、不安なときは相談しています。

私の場合、朝から指の不調やこわばりを感じたら、指先用のテープでテーピングし、事前に保護して悪化を最小限に抑えるようにしています。インスタで「ヘバーデン結節を患っている」と伝えたところ、悩んでいる方が多く、思わぬ反響がありました。悪化しないよう、手指を使いすぎないようセルフケアに努めているところです。

直子's conditioning

テーピング

テーピングで固定して
痛みやしびれをやわらげる

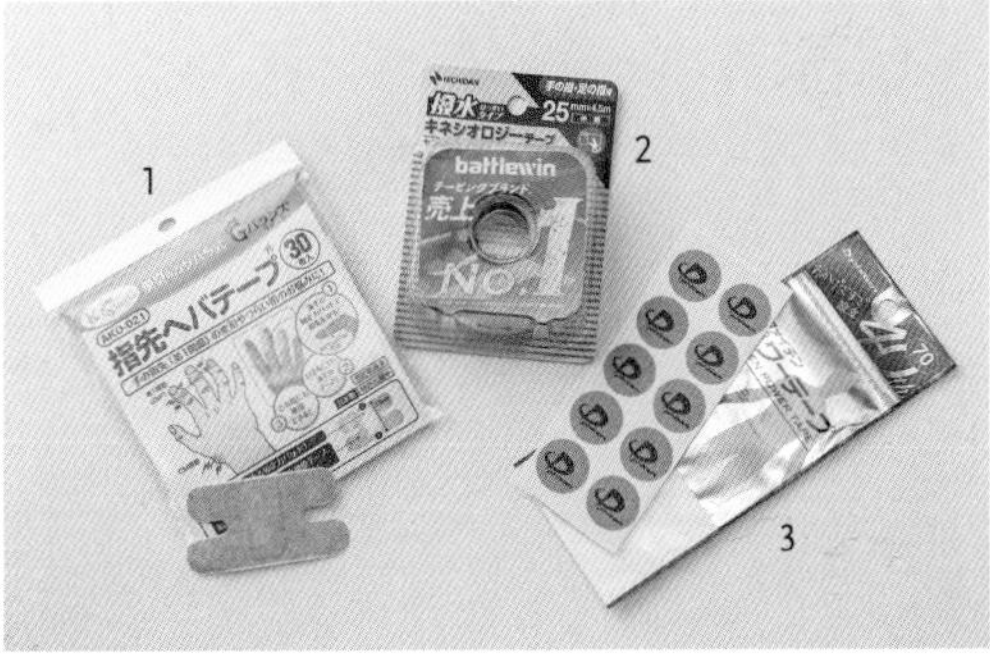

1 カサハラ式 指先ヘバテープ(30枚入)／足裏バランス研究所
2 バトルウィン　セラポアテープ撥水
(キネシオロジーテープ)25㎜幅／ニチバン
3 パワーテープ 70マーク入／ファイテン

人生にタイムリミットなし！更年期からは自分らしくしたたかに

更年期は個人差が大きく、何年続くか、いつ終わるか、だれにもわかりません。不調をがまんしてやり過ごしていると、どんどん悪化して回復が遅れてしまいますから、放置しないで前向きにトライして早めに対処したいものです。

人それぞれ、何が効くかはさまざまですから、人に聞いたり、ＳＮＳで情報をキャッチしたりして実践し、メリットを上手に受け取りたいですね。よくなる可能性を見過ごすのはもったいないです。

たとえば、多様な更年期症状をおだやかに改善する治療法として、漢方治療があります。私も長年、子宮トラブルの治療に活用してきました。基本的な体質を調べ、体質を整え、多様な症状を改善してくれ、私も大いに助けられました。

更年期治療で使われる代表的な漢方薬として、当帰芍薬散《とうきしゃくやくさん》、五苓散《ごれいさん》、抑肝散《よくかんさん》がありますが、組み合わせはさまざまですので、最初は漢方薬局などに相談してみるのもおすすめです。

閉経は、卵巣機能の終了ですから、「老い」という現実を突きつけられます。結婚や仕事、妊娠、出産、育児など、女性は身体的なリミットと無縁ではいられません。私自身、前述の婦人科系の病気治療で手術を検討したとき、「妊娠を望みますか」と確認され、年齢的なリミットがきていることを感じて涙が出たこともあります。

でも、ある程度年齢を重ね、経験を積み重ねて当時を振り返ったとき、「なぜあのとき、必要以上に焦っていたのだろう」と思うことがあります。もちろん、子どもを授かるというかけがえのない喜びはありますが、人生の喜びはそれだけではないということ。だれにでもいくつもの試練やチャレンジがあり、それに立ち向かい、打ち克ち、荒波を越えてきたはず。

20歳で大人になり、55歳まで35年。人生90年とすると、90歳まであと35年。大人になってからの人生の、まだちょうど半分を過ぎた折り返し地点です。閉経してからの人生も、これまでの人生と同じくらい豊かに用意されている。そう思うと、人生にタイムリミットはないと思えるのです。

PART 4

今の私を動かす大切な記憶

マイストーリー

生い立ちからスカウト、デビュー、
忙しさのピークだった90年代、
円熟期、結婚・離婚をへて両親との死別——。
人生で起きたことはすべて私だけの大切な記憶。
喜びも痛みも学びに変えて
自分の選択を全力で正解にしたい。

自然あふれる東京郊外育ち。大家族でのびのび過ごした原風景は、森の中のトトロのおうち

1968年、会社員の父、美容師の母の次女として生まれました。2つ年上の姉との4人家族で、当時は東京郊外の飯島家の本家の敷地に間借りし、そこで小学校低学年まで過ごしました。

母屋の1階に父の兄家族が4人、離れの1階に祖父母、その2階に私たち一家が住んでおり、その向かい側には父の妹家族3人が暮らす平屋がありました。動物もたくさん飼っていて、うさぎやにわとり、犬や猫、鳥もいました。

両親は共働きで、朝から晩まで忙しく働いていましたが、学校から帰ったらいつもだれかがいて、かぎっ子になることもなく、さびしさを感じることもありませんでした。

強く印象に残っているのが、同じ敷地内にあったツリーハウスです。当時はお風呂（五右衛門風呂）が母屋の外にあり、その横に立っていた大木をツリーハウスにし、

父の義弟のお母さんが住んでいました。小さかった私は、「怖いおばあさんが住んでる」と思い込んで、いとこと肝だめしにツリーハウスを探検したりして怒られたこともありました。

父の義弟は画家で、まさに絵描きさんそのものの風貌。汚れたシャツの上にタータンチェックのベストを着て、ベレー帽をかぶってパイプをくわえているんです。

父の兄はお風呂を沸かす係で、夕方になると薪を組んで火を起こし、遊んでいる私たちに「もうすぐお風呂が沸くよ」と声をかけてくれました。この五右衛門風呂、50年前はまだ残っていたんですよ。

さらには父のほかの兄弟たちもすぐ近くに住んでいて、金曜日の夜になると飯島一族が全員集合。おおらかな時代だったのか、自然豊かな広い敷地に親戚中で住んでいて、まるでトトロに出てくる森の中のおうちのような幼少期を過ごしました

飯島家は家族、親戚がとても仲がよく、今でも冠婚葬祭はもちろん、何かイベントがあると、よく集まってにぎやかに過ごしています。

彼らはいつでもどんなときも、あれこれ込み入ったことは聞かず、ありのままの私を変わらず受け入れてくれるありがたい存在です。これが私の原点になっています。

飯島家を切り盛りするおしゃれで働き者の自慢の母

私の母はとにかく働き者で、敷地の一角を美容室にして朝から晩まで働いていました。とてもおしゃれさんで、朝起きたらすぐに着替えてメイクして、ピアスまで着けて。早起きして朝ごはんの支度をし、3人分のお弁当を作ってみんなを送り出したあと、夕方までお店で働き、家族が帰るころには夕食の支度もすませていて、家事に手を抜くこともありませんでした。そんな働き者で美しい母は、私の自慢でした。

週末は美容室が最も忙しい書き入れどきだったので、1日の営業を終えてクタクタになった母がソファに座って売上計算をしたりしていると、黙って父が夕飯の支度をしてくれたものです。

けんかもしますが、ふだんは仲がよく、お互いを補い合う夫婦関係でした。それを当たり前のように見て育ったので、これが夫婦の理想の関係だと思っていました。

小学校低学年のころ。左から母、姉、私。

人見知りでいじめられっ子の陰キャだった私が高校生でスカウトされ、モデルになった話

真面目で厳格な父、働き者でおしゃれな母、美人で天然な性格の姉。そして、顔も性格も父にそっくりで、頑固で不器用な私。こうと決めたら一歩も譲らない一方、できるだけ物事を丸く収めたい平和主義者でもあります。にぎやかな環境で暮らしていましたが、学校では陰キャで、いじめられることも。人見知りで友だちもできず、強い子のいいなりだった私が、小学校3年生のとき、転校することになりました。

大家族から独立して父が建てた横浜の家へ引っ越すことになったのです。

転校当日のことは、今でも鮮明に覚えています。母のお手製のおそろいの洋服を姉妹で着て登校したところ、双子と間違われて学校中から一時、注目され、それ以来、だんだんと自己主張できるようになり、内にこもりがちな殻を破る小さなきっかけになりました。

中学生になると、いわゆる中学デビューで、陰キャから脱却しようと外見も話し方も変えました。引っ込み思案が直って大きい声ではっきりしゃべるようになり、長いスカートとパーマヘアで武装して、強そうな外見で精いっぱい肩ひじを張っていました。いわゆるヤンキールック（笑）。そんな中学時代には心友ともいえる生涯の友人もできました（後述）。中学卒業後は、東京の女子高に進学しました。卒業後は美容師になることを目指し、通信教育で美容師の勉強も続けていました。

時を同じくして、渋谷でモデルクラブにスカウトされたのが芸能界との初の接点です。高校卒業後、通信制の美容学校へ。美容室で働いている現役の先輩生徒たちとのあまりのギャップに、自信を喪失し、美容師をあきらめ、そのままモデルクラブに所属して小さな仕事をもらいながら過ごしていた日々。両親にも相談せず、事後承諾。親にしてみれば「気づいたら直子が芸能界に入っていた」という感じだったようです。今でこそ背の高いモデルさんはめずらしくありませんが、当時は164・5㎝の私でも長身のほうで、それがコンプレックスでした。仕事は雑誌のモデルもあればVシネマ出演もありましたね。「女優になりたい」という明確な目標もなく、仕事とは生きていくためのもので、就職先がたまたま芸能界だったという感覚でした。

真面目は最強の武器。執念でつかみ取ったビッグタイトル

テレビデビューは20歳のとき、日本テレビの『11PM』という深夜番組です。同時期から、キャンペーンガールやレースクイーンのオーディションを積極的に受けるようになりました。当時はバブル真っ盛り。大企業が主催するイベントでグランプリを獲得することが、スターへの登竜門とされ、激しい競争を勝ち抜いた多くの女優さんたちが次々と輩出され、活躍していました。中でもカネボウ水着キャンペーンガールの影響力は大きく、かつて小麦色の肌で大々的にCMに登場した夏目雅子さんのインパクトは絶大でした。雑誌や深夜番組のモデルでくすぶっていた私も、「何者かになりたい」と痛烈に思うようになり、カネボウのキャンペーンガールグランプリに狙いを定め、オーディション続きの日々がはじまりました。

カネボウのオーディションは、芸能事務所や一般公募も含め、何千人もの同世代の

女性が応募し、5次審査まである厳しい戦いでした。オーディションに向けて、企業の理念や商品に込められたメッセージを徹底的に調べ、メッセンジャーとしてふさわしいキャンペーンガール像を自分なりに考え抜きました。清潔感、フレッシュさ、パワー、華やかさ、そして、私だけが持つオリジナリティを磨こうと、だれも見たことのない、飯島直子というキャラクターを作り上げるのが目標でした。

さらに、合格するために、吉方位に向かって毎日南妙法蓮華経のお題目を唱え、心願成就をお祈りすることを1日も欠かしませんでした。

表現したい自分のイメージを強く持ち、苦手なことにストイックにチャレンジしていく経験を数多く積んだことで鍛えられ、次第に自信を深めていきました。

オーディションは一人で準備し、一人で会場に出向きます。メンタルも強くなり、少しずつ結果が出るようになりました。1年目は最終選考で落選しましたが、2年目の1989年、2度目の挑戦でついにカネボウ水着キャンペーンガールのグランプリを獲得できました。そして、翌年にはキリンビールのキャンペーンガールにも選ばれました。気弱で何の取り柄もない私が、グランプリというビッグタイトルを勝ち取れた要因は、ほかでもない、父譲りの愚直な真面目さだけだったのかもしれません。

「癒し系」と呼ばれて30年、今は「アネゴ系」!? 人生は休み休みでいい！

働き方改革が進み、今や多様な働き方が選択できるようになりました。

私が缶コーヒーのジョージアのＣＭに出演した１９９４年は、バブルが弾け、日本経済が下降線をたどりはじめていたころ。当時のサラリーマンといえば、残業続きの激務でくたくたに疲弊しているというイメージでした。そんなときにいただいたのが、このＣＭのお仕事。疲れ切った男性を「一生懸命も休み休み」といたわり、やわらかい笑顔で包み込む女性を演じました。「癒し系」という、男性の理想とする女性像だったかもしれませんね。時代のムードに合っていたのか、その後ジョージアのＣＭは６年・全24本放映され、私のタレントイメージも「癒し系」として定着していきました。

ところが、実際の私はというと、水着のキャンペーンガールとしてセクシー路線を打ち出していましたから、そのギャップに戸惑っていたのが正直なところ。以前出演した占い番組でも「癒しの星は一つもない」「中身は男」とバッサリ。サバサバした性格で、ほんわかイメージとはほど遠いのが本当の私なんです。ただ、「尽くすタイプ」で、母性の塊のような部分はずっと変わらない（笑）。「アネゴ肌」といわれることも多いので、今の気分は「癒し系」より「アネゴ系」が近いかもしれません。

中でも、私らしさが出ていてお気に入りなのが、ジャングルジム編です。ふわふわのパーマヘアで、「たまんないよねー、早く終わんねーかな、ってとこかな？」と会議中の男性に小悪魔風に問いかけるシーンは、実際の私にかなり近いです。

うれしかったことは、父の会社でもこのCMが評判になったこと。当時「やすらぎパーカープレゼント」というキャンペーンがあり、同僚から「やすらぎパーカーがほしい」と頼まれた父は、娘の私に頼むでもなく、律儀にジョージアを飲んでふつうに応募してくれたようです。聞くところによると、当選者数2万人のところ、3400万通もの応募があったとか。なんと、日本の人口の4人に1人の割合です。応募ハガキ総数の重さはジェット機1機分、積んだ高さは富士山の2倍の高さに換算されたそうです。そんな影響力のあるCMに関われて、今でも心からありがたいと思っています。「人生は休み休みでいい」。やっとそんな気分に追いついてきました。

全員50代！ 家族のようにDAISUKI！な30年来の黄金トリオ

松本明子さんと中山秀征さんとは、30年来のお付き合いです。アッコさんは一つ年上、ヒデちゃんとは同級生で、90年代の人気バラエティ番組『DAISUKI！』での共演がきっかけで仲よくさせていただくようになりました。毎回3人でさまざまなロケ地を探索したり、体験したりする番組で、途中カットせずに長時間カメラを回し続ける手法だったので、自然と3人の素が出てしまい、アドリブで進むこともよくありました。そのリアリティが受けたのか、深夜帯でありながら長寿番組となりました。

お二人とも、とにかくいつも元気でやさしくて仕事熱心。グチや不満を聞いたことがありません。スタッフへの気配りも忘れない姿勢に、本当に頭が下がります。

レギュラー放送終了後は、夏や冬の不定期のスペシャル番組でご一緒していますが、まるで家族のような安心感があります。3人のだれもがこの番組を大切にしています。

復活スペシャル第2弾『DAISUKI！2023冬』のロケ地で。

2023年のパワースポット、ハマスタで好投⁉ 始球式、やってきました！

2023年6月、ハマスタこと横浜スタジアムで始球式に参加しました。カードは横浜DeNAベイスターズ対阪神タイガース戦。優勝争いをくり広げていた熱戦のはじまりを告げる始球式は、責任重大です（この年、阪神は38年ぶりの日本一達成）。

事前に10球ほど投球練習をし、グラウンドへ。地響きのような歓声と球場の広さに圧倒されながらも、なんとかワンバウンドで投げ切ることができました。

それにしても、ピッチャーマウンドとバッターボックスの遠さといったら！

数万人の歓声と飲み込まれるような球場の雰囲気は格別で、なんともいえない高揚感を覚えました。野球場っていいですね！

その後はしばらくスタンドで試合を観戦しましたが、勢いのある両チームの白熱する好ゲームに興奮冷めやらず。夏の日の素敵な思い出になりました。

オセアン
グループ
大洋建

ティス zen pl
オセアン
グループ
大洋建

en place
大洋建設

n place
大洋建設

ところでこのハマスタ、同年、横浜の慶應義塾高等学校が神奈川県大会の決勝で逆転勝利し、甲子園行きの切符をつかんだとても縁起のいい場所。そしてその慶應高校が甲子園で107年ぶり2度目の優勝を飾りました。ハマスタは、パワースポットのような場所なんです。

そして少なからず、私にとっても縁のある場所かもしれません。29歳で最初の結婚をしたお相手も、このハマスタをホームグランドとし、活躍する一人。のびのある歌声の最高のシンガーで、花火や噴水など度肝を抜く演出のライブは、ハマスタの夏の風物詩です。

当時は今よりももっと年齢の呪縛が強くて、女性は30歳の大台に乗る前に結婚をという風潮で、世間的な無言のプレッシャーがありました。今考えると驚きですよね。結婚生活は3年。同じ未来予想図が描けないことがわかり、一緒にいる意味が見出せなく。もう20年以上も前のことで、あまりにも遠い昔すぎて当時を鮮明に思い出せないのが正直なところです。お互いに、年齢的にはいい年でしたが、結婚への意識や覚悟が足りなかったのだと思います。結婚に失敗はしたけれど、多くの学びもありました。そのことに気づけた貴重な経験です。

zen
大洋

44歳で再婚、52歳で離婚。自分の選択を全力で正解にするために

44歳で再婚し、8年の結婚生活をへて52歳で離婚しました。晴れてバツ2になったわけですが（笑）、私にはどうしてもゆずれない人生観があります。

そもそも私は、恋愛体質ではありません。ただ、押しには弱いタイプではありますね（笑）。

結婚や離婚に限らず、二者択一の大きな決断をするとき、9割方の人が反対する場面で、どうしても1割のほうに進みたくなることがあるかもしれません。

理屈ではなく、本能に突き動かされるようにどうしてもその道を選びたいと強烈に思うことが、人生にはあります。そうして選び取った道は、自分で踏ん張って努力し、切り開き、力づくで正解にしていくしかない。最終的に選んだ道を後悔したくない。人生のさまざまな場面において、そんな覚悟と強さを持っていたいと思うのです。

相手の不実を知ったときはとことん悩み抜き、最後は一人で決める

私のインスタには、同世代のフォロワーさんからの悩み相談のコメントが多く届きます。更年期や病気、メンタルの悩みに次いで多いのが、離婚の相談です。離婚はしたいけれど、経済的な理由や子どもが小さいなどの事情で踏み切れないというケースが多いです。

私の場合、ＤＶなどの緊急事態を除いては、なるべく離婚は回避して修復できる道を探るよう問いかけています。価値観のずれ、向き合わない態度や行動、言動、夫の浮気、それらから解き放たれる心の解放感はもちろんありますが、私自身、２度離婚をし、失うものもたくさんあるということを経験したので、離婚以外の方法がないかを心底考えてほしいと思っています。

たとえば、どうしても許せない出来事があったとき、すぐに問い詰めるかしばらく

ほうっておくか。その判断基準は、「不実の確証を差し出して相手が認めたとき、自分は許せるのか？」を、私は自問自答します。不実な相手とこの先生活していけるのか。水に流してその後も仲よくやっていけるのか。冷静にこれから先のことを考えます。許すと決めたなら、問い詰めて大げんかすればいいのです。許すには、スッキリ水に流してその後も2人の生活を続けていく覚悟も必要です。

でも、結論としてどうしても許せないと思ったら、やはり別々の道を選ぶでしょう。問い詰めて泣き叫んだところで、自分の気持ちはすでに静かに冷めているからです。深く傷ついて、いろいろな葛藤をへて自分で考え、一人で大きな決断をしたこのプロセスは、決してむだではなく、今後の人生を進んでいくうえでの力になると信じています。

私自身、離婚の経験をしたからこその寄り添い方ができると、微力ながら思っています。

ところで、離婚はしましたが、独身主義を貫くと決めているわけでもありません。

以前占いで「もう1回結婚する」と予言されましたが、今のところそうした兆しはありません（笑）。

親の看病で休業状態の約10年。幸せの記憶はファミレスのハンバーグステーキ

10年前の連ドラ『続・最後から二番目の恋』が終わったころ、親の病気の看護のため、仕事を大幅にセーブすることになりました。

泊まりがけや遠方へのロケがある連ドラや映画などのお仕事は基本的に受けられないので、ゲスト出演などの単発のお仕事が中心になっていきました。いわば開店休業状態の年月でした。

2013年に父の胃がんが見つかり、そのときすでにステージ3でした。後に余命1年と告げられましたが、4年の闘病生活をへて2017年に旅立ちました。

父にその後の転移は伝えていませんでしたが、父は生きることへの執着が強く、私は父のためならどんなことでもしようと心に決め、看病と治療法を求めて奔走した数年間でした。

治療方針を決めたり、主治医との対応をしたりするほか、病院への付き添いや送迎、免疫療法など新しい治療法を探すことなど、すべて私一人で取り仕切りました。まさにマネージャーに徹した4年間でした。

まず胃の全摘手術をしましたが、リンパ節にも転移していて、すべてのがんを取り除くことはできませんでした。

それからは1年間の抗がん剤飲み薬と、週に1度の通院がはじまりました。通院の日は、朝5時起きをして東京のマンションから車で実家まで両親を迎えに行って病院へ連れていきます。父の体力を落とさないように気を遣い、「とにかく生きていてほしい」「絶対に治したい」という一心で行動していました。

当時、病院の帰りにみんなでファミレスに行って遅めのランチをするのがお約束になり、父はハンバーグステーキを、母はドリアやグラタンを食べることが多かったですね。

このころは抗がん剤の副作用もなく父も割と元気で、家族3人で濃密な時間を過ごしました。親子で他愛もないことを話しながらゆっくり過ごせたのは、子どものとき以来で、このときが一生でいちばん幸せな時間でした。

「死んだらこの気持ちはどこへ行くの？」真面目で頑固でチャーミングな父の最後の言葉

闘病生活も2年目になると、次第にがんを抑えられなくなり、強い薬に変わると副作用も強く出るようになりました。抗がん剤治療がはじまり、治療に付き添い、薬によっては治療が2〜4時間かかることもありました。元気がなくなっていく父を見て不安しかなく、治療方針をめぐって主治医と口論になったことも。診察室で主治医と対峙し、絶望に打ちひしがれて先生の前で号泣したものの、外で待つ両親の手前、平静を装って何事もなかったかのように両親のもとへ戻ったこともありました。

あのときがいちばん、精神的にキツかったのを覚えています。

さまざまな手段を使って調べ、民間療法も含めありとあらゆる治療法を取り入れ、暇さえあればいいお茶やサプリはないか、取りつかれたようにリサーチする日々でした。そして、主治医に反対はされましたが、2年目からは免疫療法も組み合わせて様子をみることにしました。

現在の日本のがん治療は最先端ですが、やはり限界があります。100年待てばがんは治る病気といわれています。「もうこれがだめなら、宇宙人に頼むしかない」と本気で考え、頭がおかしくなるほどでしたね(笑)。藁をもつかむ思いとはこのことで、奇跡を起こすには宇宙人と交信するしかないと思い詰め、毎晩空に向かって「宇宙人、来ないかな」「お父さんを助けて!」と願い続けました。

そして闘病3年目、最初の手術の執刀医の先生から、再手術を提案されたのです。1回目の手術でがんがすべて取り切れず、リスクがあることは承知していましたが、父の「チャレンジしたい」「治りたい」という言葉に動かされ、再手術を決めました。

結局、小さながんがはびこっていてすべて取り切れず、大きながんだけを取っておなかを閉じたそうです。父はその後急速に体力が落ちていき、衰弱していきました。亡くなる1カ月ほど前、父が急に子どものように「ねえ、もし死んだら、この気持ちはどこへ行くの?」と私に問うのです。「この気持ちは残らないの?」と。生へのあくなき執着があった父が、死を口にしたのはこのときがはじめてでした。その後、胆管が詰まり入院し、その措置をしたあと急変し、81歳で父は帰らぬ人となりました。

父を見送り、癒えない喪失感を抱えてこれからも人生は続く

闘病生活4年、その間、父の本当の病状は家族のだれにも打ち明けず、私だけの胸に収めていました。一人で父の闘病生活を仕切ったのは、だれかに弱音を吐いたり、悲しみを吐露したりしたら、頼ってしまって自分の気持ちを強く保てないと思ったからです。感情的に嘆き悲しんだら、ラクにはなるかもしれないけれど、きっと私は平常心を保っていられない。ましてや母や姉たちにこの状況に堪えられる精神力も体力もないと感じていました。

父の死後、母や姉に「いってほしかった」とさみしそうにいわれ、秘密にしていたことを責められましたが、そのときの私はそれがベストな選択だと思っていました。

喪主の母に代わり、皆さまへのご挨拶は私が務めました。父がいかに勇敢な人だったか、お茶目でかわいらしい人だったか、父の娘で私がどんなに幸せだったか――。

用意した喪主挨拶は、最後は涙で言葉になりませんでした。

精いっぱい父の看病に向き合った年月でしたが、後悔があるとしたら、治療プランをもっと早く決めておけばよかったという点です。そうすれば的確な時期に適切な薬を試せたかもしれなかったからです。

親孝行できたとは心の底からはいえないですね。

最後は苦しまず、眠るように逝ったのがせめてもの救いで、これが父の寿命だったと思うようにはしています。

父の死後、母の憔悴ぶりは痛ましく、目に見えて元気がなくなっていきました。以前のおしゃれだった母が見る影もないほど身なりに無頓着になり、いつも無気力でふさぎ込み、小柄な母がさらに小さくなったように見えました。私自身、死後1年くらいは気持ちの整理がつかず、弱った母の前で泣くこともできず、母が寝たあとに深夜一人で仏壇の前で泣き明かしたこともありました。

年老いた親を看取ることはだれもが通る道で、人生観が大きく変わる出来事です。父を見送ってから7年がたちましたが、今でもまだとてもさみしくて、底知れない喪失感は癒えません。その空虚さを抱えて人は生きていくのでしょう。

最愛の母を失って思うのは今、このときを精いっぱい生きること

2021年8月、母がくも膜下出血で突然この世を去りました。

父の死後は「残された母をなんとか守りたい」との思いで、実家で母としばらく同居していました。娘というより飯島家の長男のような心境でした。そのころは私も離婚しており、毎日一緒にごはんを作って食べたり、ときには一緒にエステに連れ出したりして、次第に以前の行動的で明るい母に戻ってきた矢先のことでした。

高齢の母が気がかりだったので、仕事は相変わらず開店休業状態でした。何かあったときにすぐに連絡がとれる場所に常にいたくて、地方ロケや何日も収録のある連ドラは極力避けていました。そんな私を見て、母は「芸能人なら親の死に目にあえないのは当たり前よ」といっていましたが、私は意に介しませんでした。私は絶対に親を見届けたい。そんな思いでいたのです。

そのころ、母は昔なじみのお客さんだけ予約をとっていました。そして、84歳まで現役美容師として働いていていました。

常々、「ピンピンコロリで死にたい」といっており、その日も朝から自転車で近所の仲よしのお友だちの家にお弁当を持って遊びに行っていました。ずいぶん遊んで夕方帰宅し、私の出演した朗読劇をYou Tubeで見てお風呂に入り、「おやすみ」といったあと、突然倒れ、帰らぬ人となりました。

死後、母が亡くなった父にあてて書いた手紙が見つかり、そこには「直子がいてくれてよかった」「喪主を立派に務めて誇らしかった」と書かれてあり、私は涙が止まりませんでした。

心の準備も何もなく、あまりにも急に大切な人を失い、私は1年くらい現実をまったく受け入れることができずにいました。まるで異国の地で迷子になったようで、悲しみの深い海底へ沈んだまま、この世からいなくなった両親のことばかりを考えてはふさぎ込む日々が続きました。

でも人は、落ちるだけ落ちたら、あとは這い上がるしかないんですよね。今を精いっぱい生きて、できることをやるだけ。やっと気持ちを立て直せたところです。

PART 5

そして、これからの私

マイライフ

人生の折り返し点からは、
残った自身の可能性に磨きをかけ、
新しいチャレンジに一歩踏み出す時期。
余計なものを排除し、
本当にやりたいことや好きなことだけで
毎日を埋めていきたい。
これからの私の原動力をお話しします。

50代、老いと向き合い「こうあるべき」から自由になった心地いい日々

いろいろな出会いが重なり、縁あってこの世界に入り、昨年、デビュー35周年を迎え、今年56歳。60代も視野に入ってきました。

あらためて思うのは、年はとっても中身はあまり変わっていないということ。

40代から50代になるとき、それまで感じたことのない恐ろしさに襲われたものです。でも、実際になってみると、気持ちは何も変わらない。気持ちは年をとらないまま、人は年齢の階段を上がっていくのだと気づきました。

20～30代にかけて、仕事もプライベートも全力で駆け抜け、能力以上のことを求められ、つらいな、やりたくないなと思ったことは数知れず。ただただ必死で取り組み、実力不足を感じて落ち込んで、のくり返しでした。

もがき苦しんだあの日々。ただ、その中で一瞬でも喜びや楽しさを感じられること

があったから、続けてこられたのだと思います。

若さはあったけれど、人生の先は見えず、いきがって突っ張って、とにかくつらく、悩み多き時代でした。

だから、年齢を重ね、老いることも悪いことばかりじゃないと思えます。

経験値が上がって生きづらさがやわらぎますし、等身大で勝負できるからとってもラクになりました。

いつまでも現役でいたいという気持ちはあるけれど、年齢を重ねたことで得られるものを見るようにしたいです。

そして、女性の50歳前後は、人生でいちばんつらい時期かもしれません。更年期という体の変化で年をとることに前向きになれないときは、着たい服を着て、好きなヘアスタイルにして、おいしいハーブティを飲んで、自分ファーストで、気晴らしになることは何でもやればいいと思います。

私だっていつも元気いっぱいではないし、それなりのオバサンです。ほうれい線やシミ、シワ、たるみで鏡を見るのも嫌になりますよね。私、気がつけば鏡を見るようにしているので、「またこの顔か」「飽き飽きした！」と思いながらも、見なくなると一気に老ける気がするから、1日に何回も鏡を見て、顔をじっくりチェックします。すると、朝よりもマシになってきたりするんですよね。たまに拡大鏡でもチェックして自分を戒めるようにしています。

お仕事については、今は自分のキャパを考えて詰め込みすぎず、頑張りすぎず、でも頑張ろうというのが私のスタイルです。若いときはあまり意識しなかったけれど、余力を残すということも考えるようになりました。

昔は、80点を取りたければ100点を目指していましたが、今は、全力で80点を取って100点に見せるという感じ。それに、「こうあるべき」という決めつけやこだわりは、ときに自分をしんどくさせてしまうもの。真面目に突き進んできた私たちの年代は、そろそろそんなしがらみを手放してもいい時期なのかもしれませんね。

自分を守り、ラクにするためにも、力を入れるべきところ、手を抜くところを上手にコントロールして、うまくサボること（笑）。その力の入れ方具合がわかることが、大人になった証ではないでしょうか。

心も頭も柔軟に、「まあいいか」と思うくらいがちょうどいい。やっとそんな心地いい生き方がわかるようになった気がします。

内向きだった心が外へ向き、景色が一変。インスタをはじめた本当の理由

両親を亡くし、精神的支柱を失ったような気がして、しばらく孤独感でずっとふさぎ込んでいました。

心が晴れぬまま過去を振り返る日々を送っていたとき、ある人がアドバイスをくれたのです。

「ご両親のことを思い続け、家を守っていくことは、素晴らしいことだけど、そこに気持ちをすべて持っていかれてしまうのはよくないいんじゃない？　少し外に目を向けてみたらどう？」といわれ、はっとしたのです。

「そうだ、いつまでも内にこもっていたら、きっとだれにも見つけてもらえない。目を外に向けてもっと周りを見てみよう。できることをやってみよう」

そう思い立ち、浮かんだのがＳＮＳ（笑）。晴れない気持ちを一度断ち切りたい、

苦手なことに挑戦して、少しだけ前を向きたいという思いに突き動かされるようでした。

それまでの私は、SNSに苦手意識があり、Facebookはアカウントを作成したもののメッセンジャーを連絡手段として使うにとどまっています。LINEはそもそもアカウントを持っていないので、連絡は基本ショートメール。インスタはたまに友だちの投稿を見る程度でしたが、ブログに似ているし、日常の一コマの写真をアップするだけでブログよりハードルが低い印象だったので、「私にもできるかも」と思い、チャレンジすることにしました。

それが父の七回忌と母の三回忌を迎える2023年のことでした。この年はうさぎ年で飛躍、跳躍の年とされていて、何かをはじめるのに最適な年なんだそうです。

はじめは姪っ子や友だちに投稿の仕方を教えてもらっていたのですが、投稿してから数日空いてしまうとすぐにやり方を忘れてしまうので、覚えるまでは1日2回投稿しようと自分で決めました。

はじめた当初はフォロワーさんが何人いるかもわからない、DMの見方もわからない、フォロワーさんから「だれかこの人に使い方、教えてあげて！」なんていわれていました（笑）。

その後、私の日常をお伝えするのと、いただいたコメントにメッセージを書くスタイルに。

インスタへの返信は、みなさんのコメントをまずすべて読むことからはじめます。コメントをスクショして、それを今度はｉＰａｄで見ながら、ノートに返信コメントの下書きをしていきます。返信コメントは、自分が経験したことをベースに書くようにしています。そのノートもすでに8冊目に突入しました。

インスタを通してのフォロワーさんたちとのやりとりは、全国の友だちと毎日交換メールをしているような気分で、コメントを読むのも楽しみです。アカウント名やアイコンで、いつもコメントをくださるフォロワーさんを覚えているので、親近感が増しますし、私自身が励まされ、勇気づけられていることを日々実感します。

いつまでも落ち込んでいても、はじまらない。前を向いて行こう。ほんの少し勇気を出して一歩踏み出すことで、景色は変わる。そのことを身をもって経験できたことは、私にとって大きな力になっています。

返信コメントの下書き用ノートは8冊目に。

スマホでつながり響き合う、ＳＮＳという新しいコミュニティの場

インスタをはじめる前は、ＳＮＳのリスクばかり気にしていました。気軽に情報を投稿でき、便利な一方、特定の対象に批判が殺到して炎上したり、収拾のつかない事態を招いたりすることもあるからです。

しかし、今思うのは、「ＳＮＳの力って捨てたもんじゃない」ということ。私のインスタが、フォロワーさんたちの新しいコミュニティの場になっているのです。

たとえば、結婚で知らない土地に来て、だれも話し相手がいない人、孤独で頼る人がいない人、家族を病気で亡くしたばかりの人、重大な病気を宣告された人、メンタルを患っている人など、さまざまな事情を抱えた人がコメントを寄せてくれます。

そんな方々が私のインスタに来て思いを吐露し、それについて同じ悩みを持つフォロワーさんがコメントを寄せて、さらに別のフォロワーさんがコメントを返して……。

同じ境遇の人同士でいたわり合い、慰め合い、励まし合うことで、新しいコミュニティが生まれているのです。

インスタでは匿名で顔もわからないから、悩みや病気について詳細を赤裸々に書くことができ、ゆっくり自分の思いを書いていくうちに、だんだん思考がまとまって考えが整理され、思いを発散できるようになるのかもしれません。

書き出すことで気持ちが癒され、リセットできるようで、心理学や精神医学の治療法でも気持ちを書き出すことの有効性が認められているといいます。それに共感するやりとりが生まれ、グループカウンセリングのようになることもあります。「一人じゃないよ」「あなたを気にかけているよ」というコメントの連鎖が起こることを知りました。

そんな様子を見ていると、温かい気持ちになりますし、私のインスタに来て新しいつながりを持ってくれて、インスタをやってよかったとつくづく思います。

また、いつもコメントを寄せてくださる方は登場回数も多く、フォロワーさんたちの中でも知られた存在です。

フォロワーさん同士でコメントのやりとりをし、友だちになったり、何かイベントがあると応援し合ったりするなど、関係性がどんどん発展しています。

ところで私、知りたがり屋の経験したがり屋なので、どんなことでも知っておきたいという性分。たとえつらいことでも痛いことでも、経験できただけ得した気分になるタイプなんです。だから、悩み相談にも経験を踏まえてお答えしたいし、経験していないことや知らないことは調べ、何日もかけて考えて返信するよう心がけています。返信するまでに4日間考え続けたこともありますが、私を選んで相談を持ちかけてくれたのだから、真摯に向き合いたいと思うのです。

それでも、調べ、考えても答えが探せず、返信ができなかったこともたくさんあります。ごめんね。

「1日2回の投稿は大変だから、休んで」「無理しないで」とコメントをいただくことがありますが、待っていてくれる人がいると思うとやめられないもので、もう1年たちました。

今後はペースを見直し、続けやすい方法を見つけていきたいと思っています。

大人になると、気軽にだれかに相談することもできなくなりますが、SNSならスマホさえあれば、ほかのだれかと簡単につながることができます。

迷っているとき、人は自力で一歩も踏み出せなくなってしまうもの。自分が進みたい方向がわかっていても、グチャグチャと考えているうちに、その方向さえ見えなくなってしまうことがあります。私のインスタが、ほんの少しでもだれかの背中を押すことができたらいいなと思います。

今年17歳、一緒に暮らすわが家の娘を紹介します！

インスタでもおなじみの愛犬、ヨークシャーテリアの雌のモモ。今年で17歳になる私の大切な家族です。

子どものころから動物が大好きで、育った東京郊外の家ではにわとりやインコ、うさぎや猫を飼っていました。

動物と暮らすことで決して避けられないのは、いつか必ずお別れがくるということ。今まで柴犬やシーズー犬、プードル、ダックス2匹を見送り、モモは5代目です。家族同然ですから、見送るときはいつもとてもさびしく、心から「私と一緒に過ごしてくれてありがとう」という気持ちになります。

モモは性格がおだやかでおとなしく、吠えることも少ないとても育てやすい子。小さいころは、私が仕事から帰ってくると、察知してしっぽを振って走って迎えてくれましたが、最近は耳があまり聞こえなくなってきたのか、帰ってきたことに気づかないことも。

かわいらしいのは、だれも教えていないのに、抱っこしてもらいたいときは私の目の前に走ってきて、くるっとお尻を向けて私が抱っこしやすいようにジャンプしてくれるところ。

「寝るよ」と呼ぶと、同じようにくるっとお尻を向けて「どうぞ抱っこしてください」と、私の腕に跳び乗るような体勢をとるんです。本当にいとおしくてかけがえのない、娘のような存在です。

以前はベッドで一緒に寝ていましたが、最近はベッドの横のモモ用の小さなベッドでうとうとしていることが多くなりました。朝はイビキで起こされます。シニア犬なので、1日のうちほとんどは寝ています。

持病があり、散歩をするとセキをするので、今では体調のよさそうなときに抱っこして家の周りを1周して外気浴させる程度になりました。ときどき外の空気を吸わせてあげたいですからね。

私のインスタでもモモの登場回数は最多ですが、動物ってカメラを向けるとプイッとそっぽを向く習性があるのか、写真を撮られるのがあまり好きではないみたいです。抱っこして撮影しようとすると大暴れしたり、すぐに嫌がってどこかへ行ったりするので、時間をかけずに一瞬で撮るコツを覚えました。

最近では私が帰宅して、「お母さん、帰ってきたよ」と声をかけても、気づかないこともふえてきました。

高齢なので、いつかはモモを見送るときがくることは覚悟していますが、考えるだけでも涙が出てくるほど大切な存在です。

だから、「モモちゃん、絶対にお母さんがいないときにいなくならないでね」といつも伝えています。どうしても最後は腕の中で逝かせてやりたくて、「それだけはお願いね」といっています。

今一緒にいられるこの瞬間瞬間を濃密に過ごしていけたらと思っています。

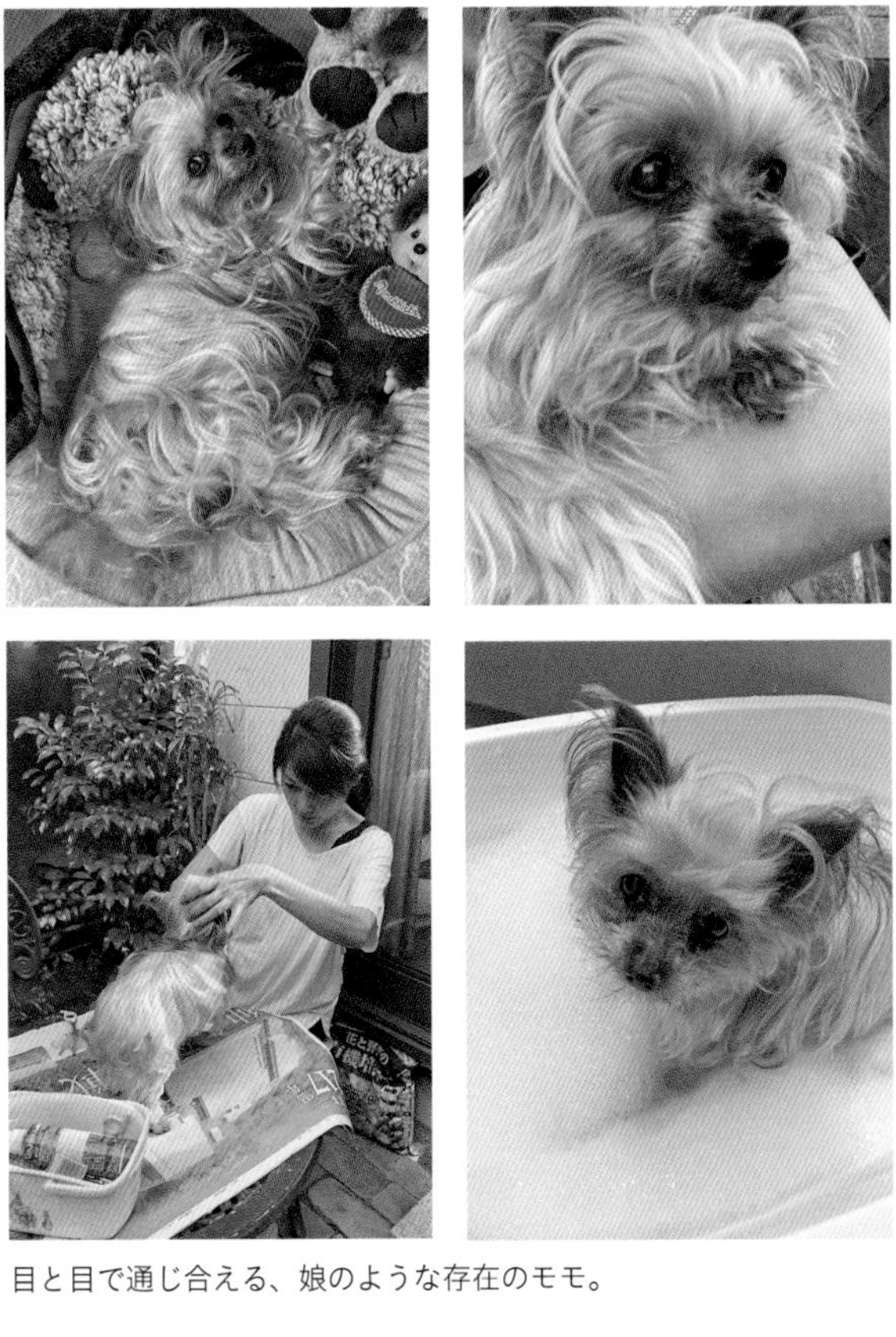

目と目で通じ合える、娘のような存在のモモ。

天然度高めな愛すべき姉とともに。
これからはじまる
飯島姉妹の新しい形

私には2歳年上の姉がいます。美容師をしていて、義理の兄とともに横浜近くで美容室を経営しています。子どものころはよくけんかをしましたが、大人になった今では、たった2人の姉妹ですから、口には出さなくてもお互いなくてはならない存在だと思っています（……のはずです）。

私、芸能の世界に入ってからも、20代後半までヘアカットやヘアカラーは必ず実家の美容室で母にやってもらっていたんです。母亡きあとは姉の美容室に通って義兄におまかせしています。オーダーもクレームも、何でもいえてリラックスできる場所になっています。

姉と私は性格が正反対で、どちらかというと、私のほうがしっかり者かもしれません(笑)。私も天然といわれますが、それをさらに上回る天然度高めの姉は、子どものころ少し体が弱かったこともあって、私から見ると両親から手厚く扱われていたという印象がありました。妹の私には厳しく、姉には甘いと受け止めたこともありましたね。

両親が共働きだったため、2人で過ごす時間も多くて、家で喫茶店ごっこをして遊んだことを思い出します。

母に似て美しかった姉は、「お姉ちゃんは何を着せても似合ってかわいい」といわれ、「それにくらべて直子は何を着せても似合わない。お母さん泣きたかったわ」なんていわれたことも。泣きたいのは私のほうでした（笑）。子どものころからなんとなく姉に対するコンプレックスのようなものがあったように思います。

両親が亡くなったときは、姉も私も深い悲しみの底にいました。でもその乗り越え方がお互いに少し違っていて、大きなけんかを3回もしました。

それでもやっぱりかけがえのない姉です。インスタにもたびたび登場しています。私が体調を崩していると心配して様子を見にきてくれますし、誕生日やクリスマスなどの節目にプレゼントをくれたりします。お風呂が壊れたら姉の家に呼んでくれるなど、何かと気にかけてくれる心根のやさしい人です。

姉の天然度はよくインスタでも披露していますが、不思議さは驚くほどです。ちょっと感覚がズレているのか、来月の天気を私に聞いてくるなど、不思議なエピソードには事欠きません。こんな具合で、いつも私を楽しませてくれる姉。

そして両親が生前、住んでいたのは、私が20年前にプレゼントした家。花が好きだった母のために庭にこだわった一軒家です。

両親がいなくなってもこの家は実家じまいをせずに残していきたいというのが今の私の思いです。お正月や法事には、飯島家の親戚が集まりますし、みんなの大事な場所として残しておきたいのです。そしてなにより、大切な両親との思い出がいっぱい詰まった家だから。

今はこの横浜の実家と東京の自宅とを行き来する生活が続いており、姉がときどき通って一緒に過ごすことも多くなりました。これからは姉と2人、この実家を守っていけたらという思いがあります。

両親の残したものとともに、少しずつ心の整理もつけていきたいと思っているところです。

わが家に上陸中の2歳年上の姉。

友情こそ奇跡！ベストフレンドに支えられ、女と女の約束は全力で守る

年齢を重ねるにつれて、新しい友だちをつくることはだんだん難しくなってきますよね。私の周りでも、「友だちがほしい」とか「友だちができない」という声をよく聞きます。

もちろん、趣味のサークルや子どもの学校などを通じてその場に沿った友だちを作ることはできるかもしれません。でも、弱みをさらけ出してどんなときも頼れる、心からの友だち＝心友《しんとも》とは、なかなか出会えないのではないでしょうか。

だから私は、数は少ないけれど、若いころから長年お付き合いしてきた信頼できる友人たちを本当に大切にしています。

女性は結婚や出産、離婚など、人生のさまざまな出来事で友人関係が疎遠になりがちです。一生この人と心友でいたいと思ったら、その関係を続けていく気持ちも必要

ですよね。家庭を持っている人や仕事をしている人もいて、お互いに忙しいので、努力して関係性のメンテナンスをすることも大事。

めったに会えなくても、たまに近況報告をしたり、お茶や食事をしたりするなど、定期的に会う場をセッティングする心がけも必要かなと。

私の場合、毎年、1泊2日の人間ドック（＝女子会ドック）を心友と受けることにしていて、その日は仕事が入らないよう調整します。女と女の約束は、絶対に破らないと心に決めています（笑）。

ありがたいことに、姉妹のような関係だったり、戦友や悪友だったり、落ち込んだときに話を聞いてくれたりするような、さまざまなタイプの心友がいます。共通点は、一緒にいてとにかくラクなこと。取り繕ったり、かっこつけたりしなくてもいい、自然体でいられる関係性がとても心地いいのです。

そして何より、みんな元気で明るくて、頑張り屋。彼女たちがいるから私も頑張れると思える存在なんです。

戦友ともいうべき心友の1人は、芸能界を一緒に生き抜いてきた（笑）、30年来のお付き合いのヘアメイクさん。お互いに忙しすぎて会えない時期もありましたが、今は専属でついてもらっています。仕事を続けていくからには健康第一、そういたわり合える人です。

高校時代の同級生のご縁で知り合った、飲食店を営む心友は、約10年前から仲よくさせてもらうようになりました。なんと、45歳になってからできた心友です。彼女も女子会ドックの一員で、何でも気兼ねなく話せる貴重な存在です。

50代からの友だち作りは、これまでのご縁を大切にしつつ、気持ちをオープンにして、新しい関係性も受け入れる態勢をとっておくことが大事なのかなと。励まし励まされ、時に背中を押してくれる心友の存在は、人生を豊かにしてくれる大切な存在です。

家も近くて、所属事務所も同じ、デュオを組んで一緒に音楽活動をしたこともある網浜直子ちゃんとは、30年来のお付き合い。私のインスタにもたびたび登場してくれる頼れる心友です。気取らず気配り上手なやさしい彼女は年齢が1つ下で、今まで1度もけんかをしたことがないんですよ。

網ちゃんの誕生日に一緒にカラオケに行ったり、ふだんから一緒に食事したり、姉妹のような身近な存在です。また、お互いの仕事を応援し合える仲でもあります。

中学生から今日まで、心のよりどころのような40年来の得がたい〝真友〟

今、中学校の同級生のバレエスタジオに毎週通ってストレッチバレエを習っています。彼女とはなんと中学2年生、13歳のころからのお付き合いなんです。

彼女は当時から勉強がよくできてスポーツも万能、明るくて上品な優等生でした。私とはまったく違うタイプでしたが、ふとしたきっかけで仲よくなり、2人してヤンキー娘に（笑）。以来40年来の心友関係を更新中です。

中学を卒業し、高校生になり、私が芸能界デビューしても、中学生のころと少しも変わらぬ態度で接してくれる得がたい友人です。実家が近所なので、お互い忙しくても定期的に会う関係を長年続けてきました。

40年の付き合いですから、人生の出会いや別れと無縁ではいられません。私たちにもいろいろな出来事が降りかかり、悩み、くぐり抜け、2年前にようやく立ち直ってきたところです。

彼女はどんな問題が起こっても、必ず自分の中で解決し、冷静に判断を下せる人。自分で自分をコントロールすることに長けていて、いつも精神状態が安定しているのが私がもっとも尊敬するところなんです。

難題にぶつかったとき、真っ先に相談するのは彼女です。適切で厳しくもあり、正しいアドバイスをいつもしてくれるのです。

博識で勉強熱心なので、いろいろなことにくわしく、話題豊富。私自身、大きな影響を受けています。何かわからないことを尋ねると、どんなときも必ず正しい答えを返してくれます。

落ち込んでいるときにタイミングよく電話をくれたり、バレエの指導者でもあるからか、人をのせてその気にさせたりするのがとっても上手。

向上心があっていろんなチャレンジをしていて、私も刺激を受けています。

ヤンキー娘だった私たち。寄り添い、友だちでいてくれたことに感謝しかありません。

そばにいてくれるだけで元気をくれる彼女は、真友《しんとも》（真の友）だと思っています。

声で元気を届けるラジオのパーソナリティはやすらぎの時間

今、全国各地の人気ラジオ番組を聴けるアプリ、AuDeeで「飯島直子のTalk to the moon」という番組のパーソナリティをしています。動画などビジュアル情報が当たり前の昨今、言葉だけ、声だけで思いを伝えるシンプルさがラジオのいいところ。月2回、第1と第4金曜22時からの、忙しい人に向けて1日の終わりの時間にほっと安らげるようなゆるめのトーンのトーク番組。

リスナーさんはさまざまで、サラリーマンやOLさん、主婦のほか、長距離トラックの運転手さんからもお便りが届きます。ラジオのお仕事は、顔が映らない分、声のトーンやニュアンスを考え、いろいろな思いを伝えるよう心がけています。一人でブースに入っていますから、ラジオの世界に没入しやすく、ちょっとした異空間の楽しみがあります。

Tokyofm

ふだんと違う思考で瞬発的に直観的に言葉を発するので、割と本心に近い部分が出るのもこのお仕事が好きな理由です。

金曜の夜、ゆったりリラックスしながら聴いてもらうことも心がけています。テーマを決めてトークしたり、リスナーさんからのお悩みに答えたり、ときにはゲストを呼んだり、のんびりまったりお送りするスタイルです。けっこう素が出るのか、思わぬトークが飛び出すこともあり、そのライブ感を楽しんでいます。

番組の最後に毎回一つ、心に響く言葉を紹介する「癒しの名言」のコーナーが評判になり、私自身、日常の中で出会った素敵だなという言葉を心に刻むようになりました。なるほどと思える言葉や、そのときに心に刺さる言葉は、メンタルと相関していて、響いた言葉がその人にとって必要な考え方や視点だったり。

言葉にはそこに宿るとされる不思議な力、言霊があります。ポジティブな言葉は発したり、触れたりすると気持ちや行いがいい方向に導かれるし、運気も上がる気がします。反対にネガティブな言葉ばかり使っていると、不快な気持ちになったり、よくないことを引き寄せたりすると思うのです。番組で紹介した名言を一部紹介します。あなたに響いた癒しの名言はありますか？

癒しの名言

◎人生はどちらかです。勇気を持って挑むか、棒に振るか

ヘレン・ケラー

◎幸せとは、健康ともの忘れの早さである

オードリー・ヘプバーン

◎生きることは呼吸することではない。行動することだ

ジャン・ジャック・ルソー

◎考えは言葉となり、言葉は行動となり、行動は習慣となり、
習慣は人格となり、人格は運命となる

マーガレット・サッチャー

◎人にしてもらったことは忘れちゃいけない。
人にしてあげたことは忘れたほうがいい

プーさん

◎ぼくのことを好きじゃないだれかさんのことで、
くよくよする必要はないのさ。
ぼくは、ぼくを大好きでいてくれる人を、
大好きでいるのに忙しすぎるから

スヌーピー

◎人生の意義は、「何をなすか」ではなく、
「何をなそうと胸を焦がすか」である

ハリール・ジブラーン

◎20歳の顔は、自然から授かったもの、
30歳の顔は自分の生きざま、
だけど、50歳の顔は、あなたの価値がにじみ出る

ココ・シャネル

◎ありのままの自分を出すほうが、
自分を偽って見せるよりも得るものは大きい

ラ・ロシュフコー

ストレスから解放されたいときは思う存分、STRESSしよう！

ストレス解消法にはいろいろありますが、STRESSを適切に実践してみると、心も体も不思議と軽くなっていきます。

まず何といっても、ストレス解消にはSのスポーツです。ヨガでも筋トレでもウォーキングでも、何でもいいですから、運動習慣をつけること。体を動かすことで気持ちよくリフレッシュできます。運動はメンタルにも影響を及ぼし、思考のクセがリセットされ、新しい視点が生まれて柔軟な考え方ができるようになるともいわれています。

実際、女優さんやモデルさんで、運動をしていない人はほとんどいないといっていいほど、みなさん、体形キープだけでなくストレスマネージメントにも運動を活用しています。

Tはトラベル。日常を離れて場所を移動し、非日常の経験をする旅行は、気分転換に最適。日帰りの登山やハイキング、近場の遊園地や温泉に行くのもいいですね。冬の海を見にドライブするのも、非日常感を味わえます。

そしてRのレクリエーション。好きなアーティストのコンサートに行ったり、野球などのスポーツ観戦をしたりと。

そのほか、映画を数本はしごしたり、動物園や水族館、プラネタリウムやスーパー銭湯を楽しんだり。自分が心地よく、没入できるものにチャレンジしてみるといいかもしれません。

Eはイート。食べることです。ふだんは1日2食の私ですが、私にとってはがまんすることがストレス。ときどきジャンクフードを解禁する「ジャンクフード祭り」をやっています。この日ばかりは制限なくハンバーガーやポテト、クッキーやポテトチップスを食べてストレスを発散しています。

Sはスリープ、睡眠です。良質な睡眠はリラックス効果をもたらし、細胞の再生と修復が行われます。また、ストレスホルモンであるコルチゾールの分泌を抑え、リラックスホルモンであるメラトニンの分泌を促すといわれています。じゅうぶんな睡眠をとることで感情が安定し、ストレスに強くなるそうです。

もう一つのSはスマイルです。なかなかできないことですが、「つらいときこそ、笑顔で！」。

すると、少しだけ心が軽くなったりします。

いろいろお伝えしましたが、結局、どうしたら自分がリラックスできるかをふだんから知っておき、ストレスが小さいうちにちょこちょこ芽を摘んでおくことがいちばん。私は静かな環境が好きなので、よくリラックスタイムにヒーリングCDをかけています。ジャズやクラシックなど、歌の入っていない聴き心地のよい曲だとしっくりきます。

そして常々私が心がけているのは、「心配なことは9割起こらない」とくり返すこと。まだ起こっていない未来のことを考えて気に病むのをやめたら、漠然とした不安を感じることが少なくなりました。

静かでリラックスできるヒーリングCDがお気に入り。

人生に磨きをかけて何でもチャレンジ！新しい自分に生まれ変わる

私の大好きな歌に、「生まれ変わるなら、生きてるうちに」というフレーズがあります。

尊敬する大先輩の曲の一節で、1度きりの人生、引き返すことはできない、今、この瞬間からよりよくしていこうというメッセージが込められていて、心に強く突き刺さりました。

この瞬間から、自分の人生をよくするために、何か行動を起こしたいと思いました。インスタをはじめたのもその一つ。現実を変えるには、自ら行動するしかないのですよね。自分でギアを入れたり、ゆるめたり、自分でペースをコントロールしながら進んでいけたらいいなと思っています。

残された時間を後悔なく生き抜くため、私はこの人生で、もう1度新しく生まれ変

わりたいと思っています。

過去と他人は変えられませんが、未来と自分は努力次第で変えられます。

でも、それは本当に自分が変わりたい、変わらなければと本心から思ったときだけ。

この年になって、人生って意外と短いということに気づいたのです。

何かにチャレンジするのに、何歳でも遅すぎるということはないですし、年齢を言い訳にしてあきらめたり、やりたいことを先延ばしにしたりするのは、もうやめようと思っています。

1度きりの人生、失うものは何もないという意気込みです。

これからやってみたいこととしては、YouTubeや薬膳の勉強、舞台、資格を取る……。

まだまだいろいろありますが、小さなことでも、何か1歩を踏み出すことで、新しい景色を見ることができると信じています。それも人生に磨きをかけることの一つの方法だと思うのです。

今この瞬間、気づいた人から人生はやり直せる。彩りのある人生は自分で作っていくものなのですね。

飯島直子に56の質問　Q&A

Q1：どんな性格ですか？

頑固。顔も体形も性格も父親ゆずり。
やると決めたら絶対やる。
ただ、決断するのに時間がかかります。

Q2：占いは信じますか？

信じます！ いいことだけ(笑)。

Q3：自分を動物にたとえると？

何だろう……。犬かな？ ナマケモノとか(笑)。

Q4：誕生石は何ですか？

アメジスト。
若いころは年配の方が持つイメージだったけど、
大好きな石の一つ。

Q5：田舎はありますか？

あります。
母は北海道生まれの北海道育ち、母方の祖父は福島県出身です。
福島が第2のふるさとだと思っています。

Q6：出身高校は？

大東学園高等学校。
今は共学ですが、私のころは女子校でした。
設立のとき、卒業生に贈れるものがなく、当時の女性の校長先生が、
ご自分の真珠のネックレスをほどいて1個ずつ指輪にして
卒業生にプレゼントしたという素敵なエピソードのある学校。
その伝統が受け継がれ、私もパールの指輪をいただきました。

Q7：のんびり屋ですか、せっかちですか？

どちらかというと、せっかちです。
時間に追われるのが嫌なので、
早めにいろいろ終わらせ、あとはのんびりしたいタイプ。

Q8：やめたいのにやめられないことは？

爆食。

Q9：好きな洋服の色は？

黒、白、紫、赤。

Q10：好きな映画を3本教えて

『ROOTS／ルーツ』『ショーシャンクの空に』『ティファニーで朝食を』。

Q11：好きな季節は？

夏！ でも、年々きつくなってきました……。

Q12：横浜で好きな場所は？

大黒ふ頭、山下公園。横浜は水道水がおいしいんですよ。

Q13：自分の体や顔の中で好きなところと嫌いなところは？

好きなところはナシ。
嫌いなところは丸顔、鼻、くせ毛、ずんどう、足の小指の爪。
思い込みの激しい性格、中途半端に神経質なところ。

Q14：お料理は好きですか？ 好きな料理家さんはいますか？

好きです。お料理の心の師匠は藤井恵先生。
藤井先生卒業の回のキユーピー3分クッキングは正座して見ていました。
丁寧で見せ方も上手、ちょっとした切り方や工夫で格段においしくなります。
いつもの調味料、ふだん家にあるもので作れるレシピをたくさん教わりました。
みそ汁はほぼ毎日作っています。手間ひまかかる料理を無心で作るのが好き。

Q15：好きな男性のタイプは？

昔は誠実で男らしい人といっていましたが、今は幅が広がりました（笑）。
ギャップ萌えするほうで、自分にないものを持っている人に惹かれます。
でも、やっぱり誠実な人がいいですね。

Q16：車の運転はしますか？ 愛車は？

します。愛車は父から受け継いだ車。

Q17：「結婚して！」といわれたら？

「私と結婚すると、苦労するよ（笑）」。

Q18：タイムマシンで戻れるとしたら、何歳に戻りたい？

15歳に戻って真面目な中学生になり、勉強して大学に行き、
OL生活を送ってみたい。

Q19：インドア派ですか、アウトドア派ですか？

生まれながらのインドア派。
休みが3日あったらどこにも行かずに家でゴロゴロして過ごします。

Q20：いわれてうれしい言葉は？

そのままでいいよ。ありのままのあなたでいてね。

Q21：最近買ってよかった家電は？

床拭きの電動モップ。玄関掃除もできます。
力がない人におすすめ。

Q22：憧れの女優は？

オードリー・ヘプバーン。
世界中を魅了した正統派女優で一生憧れの人。

Q23：友だち作りは得意ですか？

得意ではないです。自分からはグイグイいけないタイプ。
逆に、グイグイきてくれるとすぐに友だちになれます。

Q24：歌をリリースしたことはありますか？

はい。ソロでははじめてのシングルCD『Julia』。
作詞秋元康さん、作曲鈴木キサブローさんというヒットメーカーコンビによる作品。
網浜直子ちゃんとのDUOで活動したときにも歌をリリースしました。
うれしはずかしい思い出です。

Q25：大きな決断をするときはどうやって決めますか？

とことん熟慮し、何日も考え抜いてから決めます。
感情的にならないよう、冷静に分析して決断します。

Q26：感情の起伏はありますか？

気分はだいたい安定しているほうだと思います。
あまりムラがなく、機嫌のいい悪いの起伏は少ないほうです。
基本、争いたくない平和主義者なのです。

Q27：生き方のポリシーは？

固定観念で受け入れるのではなく、
きちんと自分で考えて自分で結論を出すような生き方をしたいし、
これからもそうしたい。

Q28：旅をするならどこに行きたい？

今は海外より国内旅行がいい。行きたい場所はたくさんあります。
ドラマの撮影で行った日本海や北海道の留萌の近く、礼文島にも行ってみたい。

Q 29：ディズニーランドは好きですか？

好きだけど、数えるほどしか行ったことがありません。
あと、ディズニーシーには行ったことがありません。
だれか誘ってください。

Q 30：誕生日の過ごし方は？

誕生日は4年に1度のうるう年なので、
誕生日前後に友人や家族がお祝いしてくれます。

Q 31：大晦日の過ごし方は？

ここ数年は、大晦日は一人です。全然さみしくないよ。
一人で過ごしたい人なの。
除夜の鐘を聞きながら静かに来年の目標を立てるのが好き。

Q 32：2024 年はどんな年にしたい？

できてもできなくてもいいから、目標を持って1年間を過ごしたいです。
小さなささいな目標をたくさん立てるのが好き。
目標は口に出して、人に聞かせることで実現しやすくなると思います。

Q 33：パーティは好きですか？

人疲れするので、苦手です。

Q 34：洋服はどこで買いますか？ 買うときのポイントは？

代官山や表参道、青山も行くけど、
ZOZOTOWNや楽天でもよく買っています。
4年前からはしまむらに行きはじめました。
買うポイントは着心地と生地。
太って見えないものを選ぶようにしています。

Q 35：嫌いな食べ物は？

中華料理全般があまり得意ではないですが、最近食べられるように。
くらげアレルギーだし、餃子もめったに食べない。
でもシュウマイは大好き！

Q 36：今までで役作りが大変だった役は?

弁護士、医者、刑事役が大変でした。とくに精神科医は難しかった！

Q 37：今まで演じた中でいちばん好きな役は?

『今夜、宇宙の片隅で』で演じた川上真琴役。
三谷幸喜さん脚本の連ドラ。ニューヨークロケが楽しかった！

Q 38：年上のセンパイからかけられたうれしかった言葉は?

小泉今日子さん。

「ずっとそのままでいてね」。

Q 39：スーパーへはどのくらいの頻度で買い出しに行きますか?

1週間から10日おき。

Q 40：頑張った自分に声をかけるとしたら?

ほら、できたじゃん、努力を惜しまないで。

Q 41：イライラしたときや、無心になりたいときは?

ひたすら庭の雑草を抜いたり料理をしたりします。
人のいないところを散歩したり、掃除したり。
気持ちを違う方向へ向けると少しだけ治まるような気がします。

Q 42：恋を何年休んでますか?

無期限休業中です。

Q 43：離婚した人に贈る言葉は?

離婚も第2の人生です。
結論を出すまでも大変、手続きはまた心をえぐられるようなもの。
過去を振り返って後悔ばかりせず、間違えたことは反省すればいい。
シングル、独身、悪くないですよ。

Q 44：老いることは怖いですか?

怖くないといえばウソになるけど、負けたくはないです。
年をとればみんなシワやたるみも出ます。
鏡を見たとき、への字口で顔を見ない！ 口角を上げましょう。

Q 45：身長と体重は?

身長164.5センチ、体重は49キロ。

Q 46：買い物で失敗したことは?

ランニングマシン、エアロバイク。処分が大変でした。

Q 47：今ほしいものはありますか?

今はフィットネスベンチを買おうと1年くらい悩み中。

Q 48：買い物は直感派ですか、熟考派ですか?

熟考派ですが、物によります。
家具や家電、フィットネス系の大きな物は、しばらく悩んで迷いに迷い、
吟味してから買うようにしています。
最近のヒットは卓上クリーナーと、滑り止めつきのピラティス用靴下。
洋服などは直感で買います。

Q 49：もし世界中どこでも住めるとしたら、どこに住みたい?

海と山が見える温暖なところ。
ヨーロッパの田舎。

Q 50：コーヒー好きになったきっかけは？

この仕事をはじめてから、お茶場にコーヒーが置いてあり、自然と。

Q 51：好きなYouTube動画は？

大食い動画、赤ちゃん、動物、『ジョーブログ』。

Q 52：推し活してますか？

目下、男子バレーボールに夢中です。
すべてをかけて戦う姿にエネルギーと
勇気をもらっています。

Q 53：お財布にはいつも いくらくらい入れていますか？

基本は1万円。たまに小銭しかないとき、焦ります。
この間、レストランに行ったとき、お財布に現金がまったく入ってなくて
カードで支払いました(笑)。

Q 54：ごはん党ですか、パン党ですか？

ずっとパン党だったけど、
2年前に母と暮らしたころからごはん党になりました。

Q 55：口ぐせはありますか？

「なんか」「はい」。

Q 56：生まれ変わっても 飯島直子になりたいですか？

どうだろう……。難しい。
でも、また飯島直子になってみたい気はします(笑)。

この十数年、両親を見送り、再婚・離婚など、芸能の仕事以外のプライベートなことや、事務所トラブルなどに忙殺された年月でした。家族とゆっくり向き合う時間がはじめてできて、自分としては成長するのに必要な時間だったともいえます。

その間、あまりにもいろいろなことが積み重なり、しばらく気持ちを立て直すのに苦労しましたが。

ずっと応援してくれているファンのみなさん、フォロワーのみなさんの温かいメッセージ、やさしさ、そして厳しさにダイレクトに触れ、受け入れられ、鍛えられ、成長することができたと実感しています。「一人じゃない」「見守ってくれている人がいる」と日々感じることが、どんなに私を勇気づけ、力を与えてくれたことか。加えて、メッセージをくださる方々の人生ドラマを垣間見ることができる幸せに浸っているところです。

実は20代のとき、エッセイを2冊書いたことがあります。とても多忙な時期で、今回のような書き下ろしではなく、雑誌の連載を1冊にまとめたと記憶しています。

今回、こうしてライフスタイル本を上梓させていただく心境になったのは、50代を迎え、いろいろなことを少なからず経験し、当時とは違った自分になり、これまでの人生を一区切りするタイミングにぴったり合っていたからだと思います。

今なら、これまでのことを当時とは違う気持ちでお伝えできるのではないか。今なら、私と同じような悩みを持つ人にヒントになることを伝えられるのではないか。そうした思いが芽生えてきました。

インスタをはじめてから、多くの同世代の女性からコメントをいただきました。

更年期症状がつらい人、夫の不実で悩んでいる人、両親を見送った人、難病と闘っている人、職場の人間関係で悩んでいる人、老いることへの恐怖に苦しんでいる人……。そんな方々のコメントを読み、私が経験したことや実践していることで、もし役立つことがあったら、伝えたい。

私が知っていることでよかったら、参考にしていただき、何か一つでも役立ててもらえたらうれしい。そんな気持ちから、昨年の夏ごろからこの本の執筆をはじめました。

こうして振り返ってみると、私の人生は平たんではないな、むしろ凸凹で険しい道ばかり歩いているな、とつくづく思います。

それに私は不器用で頑固なので、上手に要領よく進むことが得意ではありません。プライベートで難問が降りかかると、切り替えて仕事に目を向けるということができませんでした。

山が高ければ、谷も深いといいますが、でも「人生、ならせば平ら」なのです。

この言葉、素敵だと思いませんか？　前夫の母（元義母）から教えてもらった言葉です。人生には山もあれば谷もあるが、ならせば平らになる。つまり、人生、悪いこともあれば、よいこともある。だから、一喜一憂することなく、悲観することなく、進んでいこうという教えだそうです。

これからも私の人生は凸凹道かもしれないし、ときどき真っ暗なトンネルに入ってしまうかもしれません。それでもその歩きにくい凸凹道を進み、穴を埋め、大きな石をどかして、山に登ったりそこから下ったり、道を間違えたら軌道修正しながら、自分の足で前へ進んでいきたい。

あっちへうろうろ、こっちへうろうろ、さまよって立ちすくんで、心が折れても、そうして力強く進んできた道を振り返ると、しっかりと1本のまっすぐな道になっていると思うんです。

こうしておだやかに人生の折り返し地点に来て思うのは、いろいろあったけど、私の人生、今のための今までだったのかな、ということです。

本書が少しでもみなさまのヒントとなれば幸いです。

2024年　2月29日　56歳の誕生日に　飯島直子

問い合わせ先リスト

I-ne 0120-333-476
浅利佐助商店 0120-18-2910
足裏バランス研究所 ☎ 045-861-8944
伊勢惣 0120-22-4130
伊藤食品 ☎ 0248-32-3066
イミュカスタマーセンター 0120-371367
WEBSTYLE ☎ 026-217-5073
エトヴォス 0120-0477-80
エドストローム オフィス ☎ 03-6427-5901
エレガンス コスメティックス 0120-766-995
花王消費者相談室 0120-165-698
カネボウ化粧品 0120-518-520
カクキュー八丁味噌 0120-238-319
カティグレイスお客様相談室 0120-55-1322
牛乳石鹼共進社 お客様相談室 ☎ 06-6939-2080
久原本家 茅乃舎 0120-84-4000
ケイトオブ東京（Foula Store） 0120-428-355
Kenvue お客様相談室 0120-101-110
コーセー マルホ ファーマ 0120-008-873
サラヤ 0120-40-3636
サンギ 0120-82-4101
サンソリット ☎ 03-5843-1541
CJ FOODS JAPAN 0120-983-343
J.THREE ☎ 06-6125-5645
自然化粧品研究所 ☎ 0584-89-8597
ジョー マローン ロンドン お客様相談室 ☎ 0570-003-770
セザンヌ化粧品 0120-55-8515
DHC ☎ 0120-333-906
ティーサイド support@t-side.net
東洋ライスお客様相談室 0120-61-7550
常盤薬品工業 お客さま相談室（サナ） 0120-081-937
NAOS JAPAN 0120-074-464
中野物産お客様室 ☎ 072-241-9507
ニチバンお客様相談室 0120-377-218
ネイチャーラボお客さま窓口 0120-199-511
HACCI 0120-1912-83
ハナマルキお客様相談室 0120-870-780
ファイテン 0120-524-976
ポーラお客さま相談室 0120-117111
MYHONEY 0120-8383-52
丸真食品 0120-04-2770
ミツカングループお客様相談センター 0120-261-330
山忠 直売店 ☎ 0972-22-3344
ラ ロッシュ ポゼ お客様相談室 ☎ 03-6911-8572
ロゼット 0120-00-4618
ロレアル パリお客様相談室 ☎ 0570-783-053

飯島直子（いいじま・なおこ）

女優。1968年2月29日生まれ。神奈川県出身。

魚座、A型。

1988年、モデルとして芸能界デビュー。26歳で出演した缶コーヒーのCMで癒し系として絶大な人気を博す。ドラマ、バラエティ、映画、ラジオ、舞台と幅広く活躍。2023年にはじめた親近感あふれるインスタグラムが反響を呼ぶ。

Instagram : naoko_iijima_705_official

ブックデザイン　縄田智子 L'espace
写真　岡田ナツ子
　　　飯島直子（P29、31下、34、93、113、121、155、159、163、167、175）
ヘアメイク　馬田恵美
スタイリング　富田育子
編集協力　峯澤美絵　上村絵美
制作協力　株式会社ハート・レイ
校正　株式会社円水社
編集　三宅礼子

飯島直子 今のための今まで

発行日　　2024年2月29日　初版第1刷発行

著者　飯島直子
発行者　竹間 勉
発行　株式会社世界文化ブックス
発行・発売　株式会社世界文化社
〒102-8195
東京都千代田区九段北4-2-29
電話　編集部 03-3262-5118
　　　販売部 03-3262-5115
印刷・製本　中央精版印刷株式会社

ISBN978-4-418-24502-4

著者印税の一部は、能登半島地震支援、同動物対策支援のため寄付させていただきます。